Arabische Gartenkunst in Alfabia

 Els Calderés
Eindrucksvoller Gutsbesuch ohne museale Langeweile in 400 Jahre alten Räumen und Höfen (Seite 70)

 Gran Hotel
Jugendstil innen mit einer ständigen Ausstellung des katalanischen Malers Anglada Camarasa, Jugendstil außen mit üppig dekorierter Fassade an Palmas Plaça Weyler (Seite 77)

 Kathedrale La Seu
Farbspiel am Vormittag im höchsten und prächtigsten Kunstwerk der Insel (Seite 78)

 Jardins d'Alfabia
Plätschernde Wasser erzählen Märchen aus Tausendundeiner Nacht in der lauschigen Oase vor dem Autotunnel nach Sóller (Seite 88)

 Unterdorf von Valldemossa
Mit Chopins »Regentropfen-Prelude« und George Sands »Winter auf Mallorca« im Kopf schlendert es sich gut durch die blumengeschmückten Gassen (Seite 88)

Im Canyon Torrent de Pareis

 Son Marroig
Auf den Spuren des habsburgischen Erzherzogs Ludwig Salvator in seiner letzten Residenz und am Ort seiner ersten Mallorcalandung am Felsenloch Sa Foradada (Seite 89)

 Port de Portals
Mallorcas Marbella für Sehleute mit Hang zum Luxus für Leib und Magen (Seite 92)

★ *Die Highlights sind in der Karte auf dem hinteren Umschlag eingetragen*

MARCO ⊕ POLO

Mallorca

Reisen mit Insider Tipps

Susanne Weber

Diesen Reiseführer schrieb Petra Rossbach.
Sie lebt seit Jahren als Autorin und
Fotografin mit Zweitwohnsitz auf Mallorca
und hat der Insel zahlreiche TV-Beiträge
und Bücher gewidmet.

marcopolo.de

Die aktuellsten Insider-Tipps finden Sie unter
www.marcopolo.de, siehe auch Seite 112

MAIRS GEOGRAPHISCHER VERLAG

SYMBOLE

 MARCO POLO INSIDER-TIPPS:
Von unserer Autorin für Sie entdeckt

 ★ **MARCO POLO HIGHLIGHTS:**
Alles, was Sie auf Mallorca kennen sollten

◀◆▶ **HIER HABEN SIE EINE SCHÖNE AUSSICHT**

🏃 **WO SIE JUNGE LEUTE TREFFEN**

PREISKATEGORIEN

Hotels	
€€€	über 150 Euro
€€	80–150 Euro
€	unter 80 Euro

Die Preise gelten pro
Nacht für zwei Personen
im Doppelzimmer mit
Frühstück.

Restaurants	
€€€	über 45 Euro
€€	20–45 Euro
€	unter 20 Euro

Die Preise gelten für ein
Essen mit Vor-, Haupt-
und Nachspeise ohne
Getränke.

KARTEN

[124 A1] Seitenzahlen und Koordinaten
für den Reiseatlas Mallorca

[U A1] Koordinaten für die Palmakarte
im hinteren Umschlag

[0] Objekte außerhalb der Palmakarte

Zu Ihrer Orientierung sind auch die Orte mit
Koordinaten versehen, die nicht im Reiseatlas
eingetragen sind.

GUT ZU WISSEN

INHALT

Die wichtigsten
MARCO POLO Highlights

Sehenswürdigkeiten, Orte und Erlebnisse, die Sie nicht verpassen sollten

 Halbinsel Formentor
Abgrundtiefer Blick auf den Taubenfelsen Es Colomer und Sonnenuntergang vom turmhohen d'Albercutx (Seite 46)

 Tal von Sóller
Bilderbuchschöne Bergwelt und Mallorcas Orangerie (Seite 48)

 Torrent de Pareis
Der zweitgrößte Canyon Europas ist per Auto oder Boot bequem, zu Fuß auf schön anstrengende Art erreichbar (Seite 48)

 Fornalutx/Biniaraix
Zwei Bergdörfer bilcken auf das Tal von Sóller (Seite 49)

 Coves del Drac
Undergroundshow in der größten der fünf öffentlich zugänglichen Tropfsteinhöhlen bei Portocristo (Seite 55)

 Salines de Llevant
Entdecken Sie verborgenes Leben im weiten, scheintoten, geschützten Salzfelderland (Seite 61)

 Cala Figuera
Zuschauen, wie Fischkutter gegen Abend am idyllischen Hafen anlegen und fangfrische Fische und Meeresfrüchte entladen (Seite 63)

 Puig de Randa
Der heilige Berg in der Inselmitte mit drei Klöstern in drei Etagen und kulinarischen Genüssen im Dorfhotel (Seite 68)

Die Kathedrale La Seu in Palma

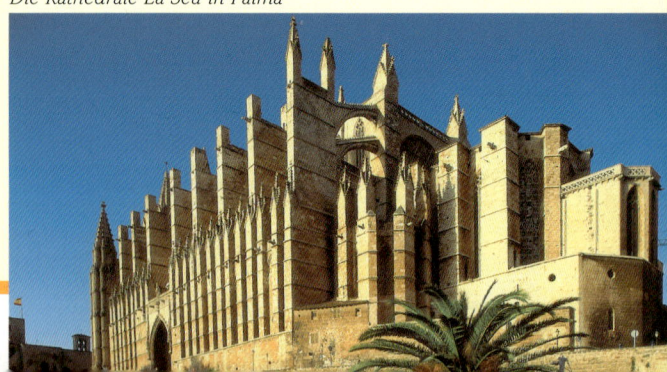

Entdecken Sie Mallorca!

Die vielseitigste Mittelmeerinsel für jede Jahreszeit, ein Eiland zwischen Masse und Klasse

Am Strand von Cala Santanyí

Wildes Zikadengeschrei im Ohr und Pinienduft in der Nase, die heiße Sonne im Nacken und unten durch das Grün der Pinienkronen die türkisblaue Bucht mit ihrem weißen Sandsaum: Die Cala Mondragó ist nur eine von hunderten kleiner Sandbuchten rund um die Insel. Und sie entspricht so ganz dem Traumbild von Sonne, Sand und Mittelmeer. Dass sie zudem auch noch nahezu unbebaut ist und zum streng geschützten Naturpark erklärt wurde, signalisiert ökologische Einsicht, die andernorts im Mittelmeerraum eher unbekannt ist.

Weit nach Mitternacht kocht die Stimmung im Oberbayern über. »Zicke, zacke, hoi, hoi, hoi!« »Mister Arenal« wird, wer, nackt bis auf die Socken, die meisten Damenslips eingesammelt hat. Danach tritt Chris Roberts auf und singt: »Mein Name ist Hase …«

Für die Hochsaison wird die Polizeipräsenz an der Platja de Palma um einige Hundertschaften vom spanischen Festland verstärkt, nach Totschlag im Vollrausch und Mord am »Bierkönig« eine notwendige

Terrassengärten an der wilden Steilküste bei Banyabulfar

Maßnahme, die das Gefühl von *law and order* wiederhergestellt hat, rund um den berühmt-berüchtigten *Ballermann 6*.

Unter mannshohen Bambushainen murmeln Wasser, Sonnenreflexe verzaubern stille Teiche, uralte Palmenkronen wiegen sich über plätschernden Wasserspielen, und ein überwältigender Duft unzähliger weißer Orangenblüten vollendet dieses Märchen aus Tausendundeiner Nacht in den Jardins d'Alfabia, den Gärten von Alfabia. Winter auf Mallorca, zwei Flugstunden vom Schmuddelwetter in der kalten Heimat entfernt.

1000 pluderbehoste, schuhwichsgeschwärzte, säbelschwingende *moros* prallen auf 800 weiß gekleidete, mit Pinienstangen bewaffnete *cristians*. Durch *mesclat*

Geschichtstabelle

Um 4000 v. Chr. Auf Mallorca leben erste Höhlenbewohner

Ab etwa 1500 v. Chr. In der Talayotkultur werden Festungstürme *(talaiots)* errichtet, die auch auch als Wohnräume genutzt werden und kultischen Zwecken dienen

123 v. Chr. Der römische Feldherr Quintus Caecilius Metellus besetzt Mallorca und gründet Pollentia und Palma; erste Blütezeit der Insel

Ab 455 Wandaleneinfälle beenden die römische Herrschaft

Ab 903 Mallorca wird von arabischen Mauren erobert und erlebt seine zweite Blütezeit

1229 Am 31. Dezember zieht Jaume I., König von Aragonien, siegreich in Medina Mayurka (Palma) ein; in der Folge zerstört er alles Islamische

1276 Jaume II. ruft die Balearen zum Königreich Mallorca aus; unter seinen Nachfolgern floriert der Mittelmeerhandel, erhebt Ramón Llull das Katalanische zur Literatursprache

Ab 1349 Pedro V. von Aragonien siegt bei Llucmajor über Jaume III.; Mallorca, nunmehr Provinz Aragoniens, erlebt einen anhaltenden Niedergang

1571 Mit dem Sieg in der Schlacht von Lepanto im Golf von Korinth wird die türkische Vorherrschaft im Mittelmeer beendet

1814 Nach dem Ende von Spaniens Unabhängigkeitskrieg gegen das napoleonische Frankreich erhält Mallorca eine eigene freiheitliche Verfassung

1905 Das Fomento de Turismo, das mallorquinische Fremdenverkehrsamt, entsteht

Ab 1960 Nach dem Bau des ersten Flughafens von Palma beginnt unter General Franco der Massentourismus auf Mallorca

1983 Die Inselgruppe der Balearen wird zu einer der 17 autonomen Regionen des demokratischen Spanien; das Katalanentum, unter dem Francoregime niedergehalten, erlebt eine Renaissance

1992 Mehr als ein Drittel der Landfläche der Balearen wird durch Gesetz unter Naturschutz gestellt

1999 Auf dem neuen Großflughafen von Palma werden an Spitzentagen über 120 000 Passagiere abgefertigt; Mallorca verkraftet über 7 Millionen Touristen im Jahr, außerdem geschätzte 180 000 Zweitwohnsitze

2000 Erstmals stagnieren Mallorcas Besucherzahlen – ein Trend, der sich 2001 fortsetzt. Aus Deutschland kommen weniger Gäste, aus Großbritannien und Spanien etwas mehr

aufgeputscht, simulieren sie eine Schlacht aus dem Jahr 1550. Das Gute, sprich: das Christentum, siegt, und verschwitzt, trunken von Schnaps, Hitze und Gebrüll, ziehen die Männer, begleitet vom Tedeum des Männerchores, in die Pfarrkirche von Pollença ein. Ergriffen hören die Frauen auf damit zu fächeln, die Stimme des Priesters beginnt zu zittern, dem Fremden wird die Gastrolle bewusst: Dies ist eine durch und durch mallorquinische, ach was, eine pollençinische Angelegenheit, mitten in der Hochsaison, am 2. August, und hat mit Tourismus absolut nichts zu tun.

> ***Sonne, Sand und Meer sind die Grundmotive***

Über dem Berggipfel kreist lautlos ein Fischadlerpärchen, ganz unten im Tal bedecken die rote Erde, zaghaft beschienen von der Frühlingssonne, weiße Schleier blühender Mandelbäume, die sich von einem lilablauen Wolkenhimmel abheben. Die Wandergruppe verzehrt mit Genuss Mitgebrachtes: *pa amb oli* (Brot mit Öl und Tomate) und feuerrote *sobrasada* (Schweinemettwurst), köstlicher Inselwein rinnt durch die Kehlen, und die Welt ist an diesem Tag in Ordnung.

Bilder aus Mallorca, bunt und kontrastreich wie die ganze Insel. Kaum ein anderes europäisches Reiseziel ist deshalb auch so in aller Munde. Fast 8 Mio. Touristen besuchen jährlich die größte der Baleareninseln – sie können sich nicht irren. Was sie in ein oder zwei Ferienwochen zu Gesicht bekommen, hängt ab vom jeweiligen Interesse, von Geldbeutel und Tatendrang, aber auch vom Reisedatum. Die Insulaner teilen das Jahr in

zwei Hälften, die *temporada,* die Zeit vom 1. Mai bis zum 31. Oktober, und den *hivern,* den Winter, in dem die meisten arbeitslos sind und vom Ersparten der betriebsamen Saison leben. Sonne, Sand und Meer sind die Grundmotive für die allermeisten der Sommergäste. Mit mehr als 180 Sandstränden, deren Gesamtlänge ungefähr 50 km beträgt, werden Mallorcas Küsten diesem Wunsch gerecht; das Wasser rund um die Balearen gilt als das sauberste im ganzen Mittelmeerraum.

Der Sehnsucht vorwiegend nordeuropäischer Gäste, so nah wie möglich am Meeresstrand zu sein,

Das kleine Bergdorf Deià

Februar auf Mallorca: die Zeit der Mandelblüte

entsprach Franco in den 1960er-Jahren mit seinem staatlich verordneten touristischen Expansionsprogramm, mit dem die massive Küstenbebauung Mallorcas sowie das spanische, vor allem aber das mallorquinische Wirtschaftswunder ihren Anfang nahmen. Ein zweites Wunder geschah, als in den 1980er-Jahren der wachsende Protest organisierter Umweltschützer Einsicht zumindest bei einigen Politikern weckte, der bis dahin nahezu ungezügelten Bauwut Einhalt zu gebieten. Erstmals beschloss das balearische Parlament Gesetze, die zukünftige Hotelbesitzer verpflichteten, mit jedem neuen Gästebett 60 m² Grünfläche anzulegen, und ein Drittel der Insel unter Naturschutz stellten.

Damit wurde Mallorca zum Vorreiter in Sachen Umweltschutz im gesamten Mittelmeerraum. Weg von Quantität, hin zu Qualität – das war und ist das erklärte Ziel der Inselverantwortlichen. Laut einem 1998 verabschiedeten Gesetz darf ein neues Hotel nur dann entstehen, wenn ein ausgedientes geschlossen oder abgerissen worden ist. Dem Raumordnungsgesetz von 1999, das das Baufieber dämpfen sollte, stehen jedoch leider immer noch vor Jahrzehnten eingebrachte und genehmigte Bauanträge entgegen, die der seit Juni 1999 amtierenden regionalen Mitte-Links-Regierung und ihrem ökologischen Engagement Probleme bereiten. Dennoch: In die Jahre gekommene Strandpromenaden wurden und werden verschönert und begrünt, weggespülte Strände künstlich verbreitert, neu entstandene Hotels mit weitläufi-

>> *Mallorca wurde Vorreiter in Sachen Umweltschutz* «

gen Parks und Freizeitanlagen versehen. Mallorcas hochmoderner Flughafen ist in der Lage, an Spitzentagen 120 000 Passagiere abzufertigen; das Straßennetz ist geradezu vorbildlich. Rund um die Insel gibt es mehr als 40 Sporthäfen, und 18 Golfplätze bieten die unterschiedlichsten Grüns. 3000 Transferbusse und 35 000 Mietwagen stehen in der Saison bereit für 3,4 Mio. Deutsche, 2,2 Mio. Briten, knapp 2 Mio. Spanier und 100 000 Besucher aus den ehemaligen Ostblockländern.

Einmischung und Indiskretion sind verpönt

Und wieder wirkt es wie ein Wunder, dass dieses Eiland von nur 3640 km^2 angesichts solcher Zahlen selbst in der Hochsaison noch Platz für Einsamkeitsfanatiker hat. Man muss kein Yachtbesitzer sein, um auch noch mitten im August kleine Buchten oder Strandabschnitte ohne Badebetrieb aufzuspüren, an denen das Schwappen des Meeres und der Gesang der Zikaden den Ton angeben. Wenn Hahnenschrei oder Schafsglockengeläut den Wecker ersetzen, hat man ganz sicher eine Finca oder ein Landhotel gebucht, wohnt weitab vom Küstenrummel im Hinterland, meistens in uraltem Sandsteingemäuer unter Holzbalkendecken, schläft eventuell in einem Himmelbett und darf allenfalls mit dem Besuch von Nachbars Kater rechnen. Es ist auch nicht unbedingt nötig, gleich einen der über 40 Tausendergipfel der Serra de Tramuntana zu besteigen, um mit sich und der Natur allein zu sein. Oft genügt ein kleiner Fußmarsch vom Hotelstrand über Felsklippen und um die Ecke – und siehe da: kein Mensch.

Und wie gehen die Einheimischen mit diesen alljährlich wie Zugvogelschwärme auf ihre Insel einfallenden Fremden um? Erstaunlich gelassen. Im Lauf der Jahrhunderte hat Mallorca mit Römern und Arabern, Wandalen und Byzantinern, ja auch mit den Festlandspaniern immer wieder Besatzungen erlebt. Duldung und Integration lagen den Insulanern wesentlich mehr als Widerstand oder Hass. Was Kritiker als Phlegma der mallorquinischen Mentalität bemängeln, legen andere als Toleranz aus. Und tatsächlich zeichnet die Inselbewohner eine Art freundlicher Zurückhaltung aus, etwa nach dem Motto »Leben und leben lassen«. Einmischung und Indiskretion sind verpönt. Das schafft eine für den Fremden freundliche Atmosphäre und zugleich eine angenehme Form der Distanz.

Wer Mallorca zum ersten Mal bereist, kommt ganz gewiss mit Vorurteilen; zu viel und oft auch zu klischeehaft wurde und wird über die Insel berichtet. Kaum eine deutsche Fernsehstation, die nicht mindestens eine Sommersendung auf die Insel verlegt. Wenn prominente Inselgäste und ganz normale Häuslebauer schon nach zwei, drei Aufenthalten von »ihrer« Insel reden, mag das ihrer persönlichen Empfindung entsprechen. Mallorca in seiner Eigenart und Vielfalt werden sie jedoch schwerlich kennen gelernt haben. Der wahre Charme der Insel und ihrer Bewohner erschließt sich nicht im Handumdrehen; er will *poc a poc*, gemächlich, wie es die Mallorquiner selber lieben, entdeckt werden.

Vom Arxiduc bis zu Wanderfreuden

Kulturelles Erbe im Zeichen von Tourismus und Umweltschutz

Arxiduc

Kaum ein anderer prominenter Inselgast wurde und wird so verehrt wie Ludwig Salvator von Habsburg, Lothringen und Bourbon, Erzherzog (Arxiduc) von Österreich. Schon als junger Mann überraschte er die Wiener Hofburg mit seiner außerordentlichen Sprachbegabung und seinem Widerwillen gegen das höfische Leben. Mit vorgetäuschtem Asthma schickte man ihn ans Mittelmeer. 1867 ankerte er zum ersten Mal mit seiner Yacht »Nixe« vor der bizarren Halbinsel Sa Foradada an Mallorcas Nordwestküste, unterhalb seines späteren Altersruhesitzes Son Marroig. Er verliebte sich nicht nur in die Schönheit der Insel, sondern auch in manche Inselschönheit. In einer Zeitspanne von 40 Jahren schrieb er über 70 Bücher, vor allem das zunächst sieben-, später zweibändige Kolossalwerk »Die Balearen in Wort und Bild«, das er auch selbst illustrierte. Er erwarb ein Stück Land nach dem anderen zwischen Deià und Valldemossa, um die herrlichen, uralten Ölbäume vor den Äxten der Bauern zu schützen, restaurierte Herrensit-

Solche Ausblicke, wie hier bei Deià, gibt es viele auf Mallorca

ze und ließ Fuß- und Reitpfade in den Bergen anlegen, die heute als Wanderwege dienen. Er war der erste Naturschutzer der Insel.

Finca – Se vende

Finca bedeutet eigentlich Grundstück, meint jedoch inzwischen mehr das Haus auf einem Stück Land. Meistens handelt es sich um ein rustikales Bruchsteinhaus, ockerfarben und massiv, oft mit jahrhundertealter Patina und Geschichte. Nachdem viele Fincas nicht mehr landwirtschaftlich genutzt wurden, verfielen sie, bis in den 1980er-Jahren britische und deutsche Agenturen und Veranstalter darangingen, Fincaferien in ihren Ländern anzubieten. Dazu mussten die alten Häuser vorher mit modernem Komfort versehen werden. So entstand eine reizvolle Urlaubsvariante abseits vom Rummel der Badeküsten und mitten im beschaulichen Hinterland. Was damals als »sanfter Tourismus« begann, hat inzwischen massive Formen angenommen. Immer mehr Einheimische kamen ob dieses Zusatzverdienstes auf den Geschmack und ließen weitere Fincas aus dem Boden schießen, die sich häufig kaum von üblichen Villen unter-

Auf vielen Bergterrassen werden Olivenbäume kultiviert

scheiden und mittlerweile auch verstärkt zum Verkauf (»Se vende«) angeboten werden.

Flora und Fauna

Mallorca ist immer grün. Und Mallorca ist eine Insel der Bäume. Schon beim Anflug faszinieren die weiten Mandelbaumplantagen auf zumeist roter Erde, aber auch die Bergterrassen mit weitläufigen Ölbaum- und Zitrusbaumhainen. Mandel- und Feigenbäume verlieren für etwa drei Monate ihre Blätter, wobei die Mandelblüte von Mitte Januar bis März und die Orangenreife im Winter der Insel zusätzlich Farbe verleiht.

Ungefähr 1500 Pflanzenarten kennt man auf der Insel, darunter allein an die hundert Orchideenarten. Sommergäste erfreuen sich namentlich am rotlila Farbenrausch der Bougainvillea, die Hauswände und Torbogen überrankt, am Oleander, der ganze Straßenzüge und Autobahnen säumt, am Feuerrot des Hibiskus und an haushohen Palmen, die vor allem Hotel- und Privatgärten, Parks und Straßen zieren. Millionenfache erste Frühlingsboten sind die weißrosa Mandelblüten. Ihnen folgen im März gelbe und weiße Margeriten, die wie Teppiche Felder und Äcker bedecken. Der April beschert lila Wildgladiolen und der Mai feuerroten Mohn. Nach den ersten Regenfällen im Herbst beleben zitronengelber Sauerklee und orangefarbene wilde Ringelblumen die Natur. Steineichenwälder bedecken 15 000 ha der Serra de Tramuntana, in ausgedehnten Aleppokiefernwäldern ertönt im Hochsommer das ohrenbetäubende Konzert der Singzikaden.

So reich die Insel an Pflanzen ist, so arm ist sie indes an Tieren. Großwildarten sind nicht anzutreffen. Was es gibt, sind Wildkaninchen, Feldhasen, Marder, Ratten, Mäuse sowie verwilderte Ziegen, die mit ihrem Verbiss viel Schaden anrichten. Zahlreiche Insektenarten, vor allem aber Vögel bestimmen die Inselfauna. Raubvogelarten werden teilweise rekultiviert, weil sie auszusterben drohten.

Am und im Meer können Feriengäste den gefräßigen Kormoran entdecken, die in Felsspalten lauernde Muräne, zahlreiche Muschel- und Schneckenarten, jede Menge Krebstiere und viele Fischarten, von der Sardine bis zum Seeteufel.

GOB

Der Grup Balear de Ornitolojía i Defensa de la Naturalesa, kurz GOB genannt, ist eine private Vereinigung, 1971 als Vogelschutzbund gegründet und inzwischen zu einer einflussreichen Umweltschutzorganisation herangewachsen. Der GOB zählt heute mehr als 5000 Mitglieder auf den Balearen, 3000 allein auf Mallorca, Einheimische und Residenten (zugezogene Ausländer) verschiedener Nationalitäten und Berufe. Bald nach ihrer Gründung zwang diese Bewegung die Politiker zum Umdenken: weg von einer expansiven Tourismuswirtschaft und hin zu einer mehr umwelterhaltenden Politik. Ihrem Druck war es zuzuschreiben, dass die Inselregierung in den 1980er-Jahren ganze Buchten, Strände und Inseln zurückkaufte, die bereits an Investoren zur Bebauung freigegeben waren. (Für Interessenten: *GOB, Palma, Carrer Verí, 1, 9–10 Uhr, Tel. 971 72 11 05, gob.balears.net.*)

Inseldaten und -zahlen

Vor etwa 15 Mio. Jahren wurden die Balearen durch den Druck, den die afrikanische Kontinentalplatte auf die europäische ausübte, aufgefaltet. Mit 3640 km^2 ist Mallorca die größte der fünf Balearen-Hauptinseln, gefolgt von Menorca, Eivissa (Ibiza), Formentera und Cabrera. Dazu kommen noch an die 190 unbewohnte Eilande. Heute leben auf Mallorca 650 000 Menschen, 330 000 von ihnen in Palma, der Hauptstadt. Knapp 62 000 »Residenten« (Ausländer) sind auf Mallorca gemeldet.

Die Balearen haben einen politischen Autonomiestatus (Comunitat

Esel sieht man häufig auf Mallorca

Autónoma de les Illes Balears) ähnlich den deutschen Bundesländern. Der Govern Balear mit 59 Abgeordneten betreibt balearenweit Politik; darüber hinaus hat jede Insel in ihrem Consell Insular (Inselrat) ein eigenes Regierungsorgan. Gegenwärtig regiert ein Bündnis aus Sozialisten (PSOE), Linken-Grünen (JU-Els Verds) und Nationalisten (UM).

Seit den 1960er-Jahren lebt Mallorca, mehr als alle anderen Baleareninseln, vom Tourismus. 80 Prozent des Bruttosozialprodukts erwirtschaftet der Fremdenverkehr einschließlich der damit zusammenhängenden Wirtschaftszweige. Andere Erwerbszweige wie Kleinindustrie, Handwerk und Landwirtschaft werden immer mehr an den Rand gedrängt. So steuert die Landwirtschaft heute nur noch knapp 1,5 Prozent zum Bruttoinlandsprodukt bei. Obwohl in letzter Zeit einige mallorquinische Produkte den Anforderungen des europäischen Marktes standhalten können, sagen Fachleute der Landwirtschaft keine gute Zukunft voraus. Eine nennenswerte Industrie gibt es auf der Insel nicht. Das kommt zwar dem Tourismus entgegen, bringt jedoch auch alle Nachteile, die aus einer Monokultur entstehen, besonders bei einem Tourismus, der stark saisonabhängig ist. Trotzdem rangieren die Balearen mit ihrem Pro-Kopf-Einkommen an erster Stelle aller spanischen Regionen. Allerdings ist das Leben auch in keiner Region der iberischen Halbinsel so teuer wie auf Mallorca.

Mallorquí

Auf Mallorca ist die erste Amtssprache *català,* das Katalanische. Das *mallorquí* ist ein katalanischer Dialekt. Katalanisch ist eine eigenständige romanische Sprache, die heute von mehr als 7 Mio. Menschen gesprochen wird.

Nach der Eroberung Mallorcas 1229 durch König Jaume I. wurde das *català* auf der Insel eingeführt. Gegen Ende des 13. Jhs. hatte es

sich in allen Bereichen durchgesetzt, dank dem großen Gelehrten, Philosophen und Missionar Ramón Llull auch in Wissenschaft, Philosophie, Theologie und Literatur. Anfang des 18. Jhs. verlor das Katalanische im Zuge des Spanischen Erbfolgekrieges seinen offiziellen Charakter, den es erst in der Zweiten Republik (1931–36) zurückerhielt. Nach dem Ende des spanischen Bürgerkriegs 1939 wurden katalanische Sprache und Kultur regelrecht verfolgt. Francos Regime verordnete landesweit das *castellano,* also das, was außerhalb Spaniens unter Spanisch verstanden wird.

Erst der Demokratisierungsprozess nach Francos Tod und die Autonomiebewegungen gaben den Mallorquinern ihre Heimatsprache zurück. Seit 1991 werden kraft Gesetzes Orts- und Straßennamen nur noch in *mallorquí* wiedergegeben, das sich vor allem durch einen zusätzlichen, so genannten balearischen Artikel vom *català* unterscheidet (z. B. Ses Salines). Die Zeiten, da Ortsnamen auf den Straßen bis zur Unkenntlichkeit überschmiert wurden, sind vorbei. Katalanisch ist nun wieder erste Sprache, von der Vorschule bis zur Universität, in den Amtsstuben und im Parlament, neben dem *castellano.*

Miradors und Talaias

Miradors sind Aussichtspunkte und als solche auf Landkarten, an Landstraßen und markanten Panoramaplätzen zu finden. Manchmal werden sie auch mit dem Symbol einer Kamera angekündigt. Der Gast sollte sich nicht scheuen, an solchen Punkten anzuhalten und Auge oder Kamera oder beides zu bemühen, auch wenn bereits hunderttausende vor ihm dasselbe getan haben. Die großartige Küstenstraße in der Serra de Tramuntana zwischen Andratx und Kap Formentor ist reich an solchen *miradors.* Allein schon die *talaias,* die runden Wacht-, Signal- und Verteidigungstürme, deren es über 80 rund um die Insel gegeben haben soll und von denen noch etwa 50 existieren, wurden fast immer zu *miradors,* was in Anbetracht ihrer Lage hoch über der Küste nicht verwundert.

Ökosteuer

Mit keiner anderen politischen Maßnahme hat sich die Inselregierung so ins Kreuzfeuer der Kritik begeben wie mit der Absicht, eine Ökosteuer, die *ecotasa,* einzuführen, die bei Ankunft im Hotel von jedem Gast gezahlt werden soll (75 Cent bis 2 Euro pro Tag). Der insulare Hotelverband, ausländische Reiseveranstalter und die spanische Zentralregierung sind strikt dagegen; letztere hat sogar beim Verfassungsgericht Einspruch eingelegt. Die eigentlichen Befürworter, die grünen Mitglieder des GOB, argwöhnen inzwischen nichtökologische Verwendung von solchen Steuergeldern und fordern klare Aussage des Tourismusministeriums. Noch schwelt der Konflikt.

Talaiots

Talaia heißt Wacht- oder Aussichtsturm. Mit dem davon abgeleiteten *talaiot* bezeichnet man prähistorische Megalithbauten, die nicht nur auf Mallorca, sondern auch auf anderen Baleareninseln vorkommen. Man nimmt heute an, dass diese Siedlungen, die um 1300 v. Chr. bis hinein in die römische Besatzungszeit existierten, eher religiösen Zwecken dienten, beispielsweise als Grabstätten. Meistens stand der Wachtturm im Zentrum, bis zu 8 m hoch und aus tonnenschweren Steinblöcken errichtet. Mehr als 100 solcher vorgeschichtlicher Siedlungen gibt es auf Mallorca.

Werden hier Ziegen verkauft, oder ist die Ökosteuer das Gesprächsthema?

Kaninchen und Languste in einem Topf

Die mallorquinische Küche vereint mehrere kulinarische Richtungen

Essen

Auch wenn es auf den ersten Blick so scheint: Mallorcas Küche ist nicht identisch mit der spanischen. Wohl haben Paella und *gazpacho,* Riojaweine und *sangría* längst auch die Gaumen der Insulaner erobert, und selbstverständlich wird auch auf den Balearen mit Olivenöl gekocht. Doch obwohl das Gros der Hotelküchen, der *cafeterías* und der Restaurants mehr Internationales als Regionales anbietet, gibt es eine eigenständige *cuina mallorquina,* die natürlich immer fremden Einflüssen ausgesetzt war und ist. Waren es einst Römer und Araber, so sind es heute eben die Nordländer, die zu Veränderungen von Rezepten und Essgewohnheiten beitragen. Auf jeden Fall wird man der Inselküche nicht gerecht, wenn man sie – wie häufig zu hören und zu lesen ist – mit Attributen wie »simpel« und »deftig« abtut. Gerade die Köche der Feudalherren im 18. Jh. kreierten kapriziöse, feine Gerichte, deren Rezepte seit einiger

Machen Appetit: kleine Köstlichkeiten, Mallorcawein

Zeit von engagierten Gastronomen ausgegraben und nachgekocht werden. Das Problem ist nur, dass selbst die rustikalere Bauern- und Fischerküche ziemlich aufwändig ist. Mallorquinisch kochen heißt auf frische Ingredienzen zurückgreifen und besondere Sorgfalt auf ihre Zubereitung legen. Mit Zackzack kommt man ihr nicht bei, schon gar nicht mit Büchsen und Tiefgefrorenem. Das 1000-Betten-Hotel mit All-inclusive-Angebot und Schichtessen im riesigen Speisesaal kann der Inselküche nicht einmal annähernd gerecht werden. Ein anderer, scharfer Konkurrent ist der Grill. Sein Siegeszug durch die Insellokale scheint unaufhaltsam, denn nicht nur Fremde, sondern auch Einheimische lieben zunehmend Fleisch und Fisch *a la planxa/plancha*. Grillokale boomen, sommers wie winters, je teurer, desto mehr. Wo sich verstärkt Prominenz, Schickeria und geltungsbedürftige Neureiche niederlassen, dürfen namhafte Meisterköche nicht fehlen. Ein halbes Dutzend klingender Namen wie Joseph Sauerschell (*El Olivo,* Deià), Koldo

Mallorquinische Spezialitäten

Lassen Sie sich diese Köstlichkeiten gut schmecken!

Albergínies farcides – mit Hack gefüllte und mit Tomatensoße übergossene Auberginen

Allioli – Knoblauchmayonnaise, die zu kaum einem Fleischgericht fehlt

Arròs brut – »schmutziger Reis« – heißt so wegen seiner Safranfärbung. Der Reiseintopf mit drei Sorten Fleisch ist ein Wintergericht.

Arrós de peix i marísc oder arroz a la marinera – Suppe aus dem Sud kleinster Mittelmeerfische mit Reis, Fisch und Meeresfrüchten

Coca – mallorquinische Version der Pizza mit roter Paprika, Mangold oder kleinen Fischen

Conill amb cebes – Kaninchenstücke im Sud von Zwiebelgemüse

Ensaimada – Hefeteigschnecke, mit Puderzucker überstreut – gibt es nur auf den Balearen

Frit mallorqui – klein geschnittene Innereien und Gemüse mit viel Knoblauch und Fenchel

Gató amb gelat d'ametla – der beliebteste Inselnachtisch: lockerer Mandelkuchen mit Mandeleis

Llom (colóm) amb col – mallorquinische Kohlroulade mit Schweinefleisch oder Täubchen in einem Sud aus Wein, Speck, Rosinen und Pinienkernen

Pa amb oli – (»pambóli« gesprochen) – mit dem Mark der hartschaligen *remallet*-Tomate wird die Brotscheibe eingerieben, Öl und Salz darüber – fertig. Obendrauf kommt *jamón serrano* (luftgetrockneter Schinken), Käse oder *sobrasada* (paprikarote Schweinemettwurst)

Panades – Pasteten mit Lammfleischfüllung (vor allem zu Ostern)

Porcella – Spanferkel, das am besten schmeckt, wenn es frisch vom selben Tag ist

Sopas mallorquines – keine Suppe, sondern ein Kohl-Schweine-

fleisch-Topf auf dünnen Brotscheiben, den *sopes,* die zuvor in der Sonne getrocknet wurden

Torró – Pasteten aus Mandelmasse, Schokolade oder Nüssen, die im Winter, vor allem zur Weihnachtszeit, hergestellt werden

Trempó – typischer Sommersalat aus Tomaten-, Zwiebel- und grünen Paprikawürfeln in Olivenöl

Tumbet – Gemüsetopf aus Kartoffel-, Auberginen- und roten Paprikascheiben. Darüber kommt Tomatensoße

Royo (Palma) und Gerhard Schwaiger (*Tristan*, Port de Portals) stehen für eine internationale Haute Cuisine. Ihre Kreationen können wohl mediterran genannt werden, mallorquinisch jedoch kaum. Zudem geht ein Besuch in diesen zum Teil mit Michelinsternen ausgezeichneten Etablissements naturgemäß tüchtig ins Geld. Aber bei der kolossalen Menge von 2600 *cafeterías* und 2800 Restaurants auf der Insel kommt auch der normal verdienende Feriengast zu wohlschmeckender Kost.

Essgewohnheiten

Der Einfluss der Inselgäste hat auf die Essenszeiten der Einheimischen abgefärbt; früher als in anderen spanischen Regionen, nämlich mittags schon ab 13 Uhr, abends ab 20 Uhr, geht man essen, vor allem in kleineren Städten und im Winter. Es ist üblich, die Mahlzeit mit einer *tapa* (kalte oder warme Appetithäppchen) oder einer Vorspeise zu beginnen, dann zum Hauptgericht überzugehen und mit dem Nachtisch abzuschließen.

Trinken

Selbstverständlich ist Mallorca als spanische Region ein Weinland, wenngleich das Bier *(cerveza)* immer beliebter wird. In den letzten Jahren konnten Mallorcaweine ihren guten Ruf zurückgewinnen, den sie über Jahrhunderte hatten, bevor ihn die Reblausplage am Ende des 19. Jhs. ruinierte. Die meisten mallorquinischen Rotweine werden aus der Manto-Negro-Traube gekeltert. Das Gütesiegel für kontrollierte Herkunftsbezeichnung *Denominació d'Origen* tragen die Weine aus der Region Binissalem

und dem Llevant. Weinkenner schätzen Tropfen aus den *Bodegas Franja Roja* der Brüder Ferrer in Binissalem, den *Bodegas Jaume Mesquida* in Porreres und den *Bodegues Miquel Oliver* in Petra. Mallorquiner trinken Wein in Maßen zum Mittag- und zum Abendessen, dazu steht meistens eine Flasche Wasser *(aigo/agua)* mit *(amb/con)* oder ohne *(senza/sin)* Kohlensäure *(gas)* auf dem Tisch. Ein erfrischendes Getränk in den Sommermonaten ist die *horchata d'ametla* (Mandelmilch). Einheimische trinken zum Frühstück einen *café con leche* (Milchkaffee), nach dem Essen einen *café* (Espresso) oder einen *cortado* (Espresso mit Milch). Der Sekt firmiert als *cava*. Zur *copa* (Drink) zwischendurch oder nach einem ausgiebigen Mahl pickt man an der Bar meistens Gesalzenes. Liköre bestellt man als *chupito. Salut!*

Bars, cafeterías, restaurantes

Sowohl in *cafeterías* (kleinen Esslokalen) wie in Restaurants werden fast immer unverlangt Brot und Oliven auf den Tisch gestellt. Sie tauchen – wie auch das *cubierto,* Besteck – später meistens in der Rechnung auf, immerhin pro Person mit 50 Cent bis zu 1 Euro. Zumeist kommt dann noch die IVA (Mehrwertsteuer) mit 7 Prozent dazu. Mehr als in Deutschland ist das Zahlen mit Kreditkarte üblich. In guten Restaurants sollten Sie vorher einen Tisch reservieren und beim Betreten des Speisesaals warten, bis der Maître oder der Kellner Ihnen einen Tisch zuweist. Die Rechnung kommt meistens auf einem Teller, auf dem Sie später das Trinkgeld liegen lassen.

Made in Mallorca

Andenken an Ihren Urlaub auf der Insel müssen nicht kitschig sein

Glas

Glasbläsereien haben Tradition auf Mallorca. Der älteste Familienbetrieb der Insel ist La Gordiola bei Algaida mit einem kleinen Glasmuseum und einer großen Werkstatt. Hier wie auch in den Glasmanufakturen La Menestralia bei Campanet und Lafiore bei S'Esglaieta können Sie zuschauen, wie winzige und enorm große Figuren, Vasen, Schalen und andere Gebrauchsgegenstände entstehen, die man in großen Verkaufshallen kaufen kann; sie werden auch in den meisten Badeorten angeboten.

Hierbas, palo, brandy

Der *hierbas,* ein giftgrüner Kräuterschnaps, kommt eigentlich aus Ibiza. Aber es gibt auch auf Mallorca Hersteller für dieses stark nach Anis schmeckende Getränk, das in den Qualitäten *dulces* (süß), *semi* (gemischt) und *secas* (trocken) angeboten wird. *Palo* ist ein schwarzer Kräuterlikör aus gebranntem Zucker, der auf der Insel gern als Digestif getrunken wird. Den besten stellt die Destillerie Túnel in Bunyola her, die ihn zudem in bildschöne Flaschen abfüllt. Aus einer kleinen Brennerei in Pont d'Inca

Keramikandenken werden in fast allen Orten angeboten, aber die wenigsten wurden hier hergestellt

kommt der einzige Brandy von der Insel, der *Suau.* Dieser milde Weinbrand wird von Kennern geschätzt, besonders seine Reserva (höhere Qualitätsstufe), der *Suau Etiqueta Negra;* er wird allerdings nur in kleinen Mengen hergestellt und ist nicht in jedem Supermarkt erhältlich.

Kapern

Tàperes heißen Kapern in der Inselsprache. Sie wachsen wild an Mauern, beispielsweise an jener der Festung von Alcúdia und an der Stadtmauer von Palma. Angebaut werden sie vor allem im Süden Mallorcas bei Campos und Felanitx, verarbeitet hauptsächlich in Llubí (Conservas Rosselló). Besonders schmackhaft sind die kleinen Kapern. Es sind die Knospen des wunderschön rosaweiß blühenden Kapernstrauchs, die man zunächst welken lässt und dann gesalzen in eine Lake aus Essig und Öl einlegt. Auf den Wochenmärkten können Sie sie auch lose kaufen.

Käse

Mallorcakäse ist zwar nicht so berühmt wie sein menorquinisches Pendant, aber dennoch ausgezeichnet und ein passendes Mitbringsel. Es gibt ihn, wie auch den der Schwesterinsel, in drei Abstufungen: *mantecoso,* weich und jung, *semi,* mittelalt und schon trockener, und *curado,* ausgereift und sehr trocken. Zu kaufen ist er in den Supermärkten.

Keramik

Die meisten Keramikartikel, die in den *cerámica*-Läden angeboten wird, kommen vom Festland. Nur noch in den volkskundlichen Museen sind althergebrachte Keramiken mit gelben und grünen Glasuren zu sehen, wie sie noch in den 1930er-Jahren in Felanitx hergestellt wurden. Neuerdings wird das blau-weiße arabeske Blumenmuster traditioneller Stickereien auf Geschirr übertragen.

Korb- und Bastwaren

Die Verarbeitung der Zweige von *palmito,* der Zwergpalme, die als einzige einheimische Palmenart ganze Berghänge begrünt, ist in Artà zu Hause. Noch heute wird dort das Handwerk des Flechtens ausgeübt, wenn auch nur noch in kleinem Rahmen. Hergestellt werden Sitzteile von Stühlen, Körbe und Taschen, aber auch geflochtene Sohlen für die beliebten, leichten Sommerschuhe, die *alpargatas* oder *espadrils,* die in allen Farben für wenig Geld in den meisten Schuhgeschäften zu haben sind.

Kunst und Grafik

Auf Mallorca leben die Künste; vor allem leben und arbeiten hier an die 3000 Maler, die, je nach Talent, bescheidene oder eindrucksvolle Spuren hinterlassen. Da ruft der Berg in Öl, doch finden sich auch außergewöhnliche Objekte, Bilder und Grafiken von begabten, avantgardistischen Künstlern mallorquinischer, katalanischer oder auslän-

discher Herkunft. Allein in der Hauptstadt Palma gibt es mehr als 80 Kunstgalerien und -zentren. Dazu kommen viele sehr engagierte Galeristen in Pollença, Deià, Sineu, Port d'Andratx und anderen Inseldörfern. Bei Werken namhafter Künstler wie Joan Miró und anderen Spaniern gilt: Augen auf beim Kauf – es sind viele Fälschungen im Umlauf!

Leder

Zentrum der Lederindustrie ist Inca. Aber nicht nur dort, sondern überall auf der Insel werden mallorquinische Lederwaren verkauft. Lohnend, weil relativ preiswert, sind vor allem Schuhe. Taschen und Lederbekleidung hinken oftmals dem Modetrend hinterher.

Leinenstoff

Traditionelle und auch heute überall auf der Insel anzutreffende Dekorationsstoffe mit Zungenmuster, nach einer malaiischen Bezeichnung Ikats genannt, werden gegenwärtig noch in Santa Maria und in Pollença gewebt. Die schweren Leinenstoffe *(robes de llengo)* sind nicht eben billig, da aufwändig herzustellen. Zu kaufen gibt es Meterware, Sets, Kissenhüllen und Decken.

Ölbaumholz

Der reiche Bestand an Ölbäumen legt es nahe, das Ölbaumholz für Drechselarbeiten zu verwenden. Vor allem in Manacor werden daraus schön gemaserte Schüsseln, Schalen, Löffel und vieles mehr hergestellt, allerdings schon lange nicht mehr nur von Hand. Zu kaufen gibt es solche Arbeiten in allen Touristenorten.

Perlen

Es war der deutsche Ingenieur Eduard Heusch, der 1925 ein geniales Patent zur Herstellung von Kunstperlen entwickelte, dessen Rezeptur verständlicherweise geheim gehalten wird. Drei Fabriken in Manacor und Montuïri stellen diese kaum von Naturperlen zu unterscheidenden Kunstperlen her. Sie sind eingeladen zuzuschauen – und einzukaufen, an Ort und Stelle ebenso wie in jedem Urlaubsort und in Palma. Die Preise schwanken stark, je nach Qualität des Tauchbades, des Verschlusses, der Perlengröße und -anzahl, ihres Glanzes. In Fachgeschäften finden Sie kundige Beratung.

Siurells

Der Maler und Bildhauer Joan Miró liebte diese Figürchen sehr und hat sich durch sie inspirieren lassen. In seinem Atelier in Cala Major kann man sie entdecken – und natürlich auch in seinem Werk. Möglicherweise geht der Ursprung der weißen Tonpfeifen mit ihren roten und grünen Strichen auf die Phönizier zurück. Auf jeden Fall sind sie hübsch anzusehen, die *siurells,* und in jedem Andenkenladen zu erstehen. Jede Figur – Mann, Frau, Hund, Hahn, Teufel – ist weiß bemalt mit roten und grünen Strichen und Mustern; es ziert sie eine Pfeife, die früher eine besondere Bedeutung hatte: Männliche Verehrer überreichten ihrer Angebeteten eine dieser Figuren. Begann sie, auf ihr zu blasen, war das ein »Ja« für den Werber, ließ sie die Figur fallen, musste der junge Mann gehen. Heute gelten die *siurells* als Glücksbringer. Hergestellt werden sie vor allem in Sa Cabaneta, nordöstlich von Palma. Die meisten Werkstätten liegen im oberen Dorfteil um den alten Wachtturm herum.

Töpferwaren

In Pórtol, nahe bei Santa Maria, sind noch acht *óllers,* Töpfer, zu Hause. Hier entstehen die bauchigen *ollas* und die flacheren *greixoneras* aus dem roten mallorquinischen Ton. Fast jeder Wochenmarkt hält sie feil, auch kleinere Formen, die man gut mit nach Hause nehmen kann. Da sie bis heute zur Küchenausstattung der Insulaner gehören, sind sie erschwinglich. Allerdings eignen sich die irdenen Töpfe nur für Gasherd und Backofen, nicht für die Elektroplatte! Die Werkstatt Cas Canonge stellt auch hübsch bemalte Bauernkeramiken her, die auf den Märkten von Sa Pobla, Sineu und Inca verkauft werden.

Siurell, Inspirationsquelle für Miró

Feste, Events und mehr

Die meisten mallorquinischen Feste und Feiern sind religiösen Ursprungs

Was man in Palma Event nennt, heißt in den Dörfern schlicht *festa* (Fest) oder *fira* (Messe). Und deren Jahresreigen läuft nach wie

Patronatsfest in Pollença

vor katholisch ab. Jede Gemeinde feiert eine ganze Woche lang ihren Schutzheiligen. Folkloristisches wird jedoch immer mehr mit modernen Sounds aufgepeppt. Hardrockgruppen auf dem Marktplatz gehören heute ebenso zur Festkulisse wie die traditionellen

xeremiers, Dudelsackpfeifer, Flötist und Trommler. Vor allem in Palma löst ein festliches Ereignis das andere ab, finden unregelmäßig Megaevents statt (Termine in den deutschen Wochenzeitungen).

Gesetzliche Feiertage
1. Januar *Cap d'any*, Neujahr; **6. Jan**. *Els Reis Mags*, Heilige Drei Könige; **1. März** *Dia de les Illes Balears*, balearischer Regionalfeiertag; **März/April** *Divendres Sant*, Karfreitag; **1. Mai** *Festa del Traball,* Tag der Arbeit; **25. Juli** *Sant Jaume*, Jakobi; **15. August** *L'Assumpció,* Mariä Himmelfahrt; **12. Oktober** *Dia de l'Hispanitat*, Nationalfeiertag der Entdeckung Amerikas; **1. November** *Tots Sants*, Allerheiligen; **6. Dezember** *Dia de la Constitució*, Tag der Verfassung; **8. Dezember** *La Immaculada Concepció,* Mariä Empfängnis; **25./26. Dezember** *Nadal,* Weihnachten

Örtliche Feste und Veranstaltungen
Januar

16. *Vorabend von Sant Antoni,* Antoniusfest. Spektakulär in Sa Pobla, wo *dimonis* (Teufel) die Straßen unsicher machen, und *fogerós* (Scheiterhaufen) lodern
20. *Sant Sebastià*, Festwoche in Palma; am Vorabend Livemusik von

Insider Tipp

Folklore bis Rock auf allen großen Plätzen und Riesenfeuerwerk über dem Hafen

März/April
Semana Santa/Pasqua. Gründonnerstag Prozession (ab 19 Uhr) in Palma, bei der 30 Bruderschaften mit spitzen Hüten und Gesichtsmasken Marien- und Christusstatuen schleppen. Am Karfreitag tragen Bruderschaften von Pollença beim *Devallament* die Christusfigur den Kalvarienberg hinab in die Kirche.

April
Mitte April zeigen sich über 2000 Tänzer und Musikanten aus mehr als 30 Ländern beim alljährlichen *Weltfolklorefestival* mit Straßenumzügen und Shows auf den großen Plätzen in Palma.
Volta a Mallorca, große Motorradrundfahrt über die Insel mit 5000 Bikern, Ende April

Mai
Anfang Mai: *Fira del Disc,* Börse für Popmusik in Palmas Messehalle. Ab 2. Sonntag *Feria* in Sóller; Montagnachmittag: *moros i cristians.* Mauren und Christen stellen eine Schlacht von 1561 nach.

Juni
Anfang Juni: *Internationales Jazzfestival* auf vier Bühnen in Cala d'Or. *Insider Tipp* El Corpus, Fronleichnam. Der *Processó de les Aguiles* in Pollença tanzen zwei kostbar geschmückte Mädchen in Adlerkörpern voraus.

29. *Sant Pere i Sant Paul,* farbenfrohe Schiffsprozessionen in Port d'Alcúdia, Port d'Andratx, Cala Rajada und Port de Sóller

Semana Santa, Prozession

Juli/August/September
Musikfestivals in Valldemossa (Chopin), auf Schloss Bellver in Palma (Sommerserenaden), in Deià/Son Marroig (Kammermusik), im Kloster Santo Domingo in Pollença (Solisten von Weltruf). Ende Juli treten in Sóller beim Internationalen Folklorefestival über 200 Sänger und Tänzer auf.
28. Juli: *Bei der Cavalcada de la Beateta* (»kleine Selige«) in Valldemossa stellt in einem festlichen Umzug ein Dorfmädchen die Inselheilige Catalina Tomàs dar.
2. August: Beeindruckend echt wirkt die Schlacht zwischen *moros i cristians* als Höhepunkt des *Patronatsfestes in Pollença* (19 Uhr am Hahnenbrunnen).

Wilde Schluchten, weite Buchten

Aufregende Landschaftserlebnisse im Hochgebirge, im größten mediterranen Feuchtgebiet und auf geschichtsträchtigem Boden

Rau und wild ist der Inselnorden und aufregend schön. Der Westen beeindruckt mit den Bergen der Serra de Tramuntana, deren höchster Gipfel, der Puig Major, 1443 m erreicht, und mit einer grandiosen Steilküste; der Osten mit einer kargen, versteppten Hügellandschaft. Dazwischen breitet sich um Sa Pobla und Muro Mallorcas »Gemüsegarten« aus, die Sümpfe des Naturschutzparks S'Albufera und die riesige Doppelbucht von Pollença und Alcúdia, in welche die beiden »Finger« Formentor und La Victoria ragen.

Dank seiner natürlichen Struktur und dem damit verbundenen kühleren Klima blieb der Norden, außer in der Bucht von Alcúdia und in Cala Rajada, von starker touristischer Zersiedelung verschont. Massenansammlungen von Menschen beschränken sich auf Tagesziele wie Valldemossa, Deià, Sóller, Sa Calobra, Lluc und die Aussichtspunkte der Halbinsel Formentor.

Die nördliche Serra de Tramuntana ist nur spärlich besiedelt und mit ihren schattigen Steineichen-

Jahrhundertealte Olivenbäume

Cap de Formentor, der nordöstlichste Punkt Mallorcas

wäldern, den senkrecht aus dem Meer ragenden Felswänden, uralten Ölbaumterrassen und bilderbuchschönen Bergdörfern ein Dorado für Wanderer, dank ihren zwar kurvenreichen, doch gut ausgebauten Bergstraßen aber auch für sportliche Radler und gute Motorrad- und Autofahrer. Eine der Traumstraßen Europas windet sich von Andratx bis zum Kap Formentor. Ihr atemberaubendster Teil liegt in der nördlichen Serra de Tramuntana. Hinter jeder Kurve überraschen bestückende Kompositionen aus tiefblauem Meer, den silbergrauen Häuptern uralter Ölbäume auf unabsehbaren Steinterrassen, ockerfarbenen Landhäusern und dramatisch überkragenden Felswänden. An die Südseite des Gebirges, in seinem Windschatten, lehnt sich die wesentlich lieblichere Hügellandschaft des Raiguer, ein von Menschenhand geformtes Kulturland, bewachsen mit Mandel- und Johannisbrotbäumen, die bis in die Ebene nach Inca reicht. Eine Fahrt per Auto oder mit dem Rad zur Zeit der Mandelblüte vom Landstädtchen Alaró über Selva nach Campanet zählt zu den Spitzenerlebnissen auf Mallorca.

Die beiden großen Buchten von Pollença und Alcúdia haben ihren Reiz in betriebsamen Yachthäfen und dem damit verbundenen maritimen Ambiente, langen Sandstränden und den geschichtsträchtigen Städten Pollença und Alcúdia.

Im Osten wird Mallorcas Nordhälfte begrenzt vom Kap Ferrutx und von der Punta de Capdepera. Im Hinterland liegen die beiden imposanten Burgberge der hübschen Städtchen Artà und Capdepera. Die Küste franst in viele kleine Naturbuchten aus, die entweder gar nicht oder nur sehr schwer erreichbar sind.

ALCÚDIA/PORT D'ALCÚDIA

[126 A3] Für manchen sind sie wie Himmel und Hölle, die beiden Teile von Alcúdia: das schmucke Landstädtchen mit seinen 6000 Einwohnern, hübsch restauriert und fotogen umrahmt von seiner mächtigen mittelalterlichen Stadtmauer mit ihren drei Toren; und Port d'Alcúdia,

der 30 000-Fremdenbetten-Moloch, der sich von dem hübschen Hafen bis zur Platja de Muro hinzieht und dann nahtlos in deren Hotelzone übergeht. Hier tobt im Sommer der Bär, schieben sich deutsche, britische und skandinavische Touristen durch die Ladenstraßen, füllen allnächtlich Jugendliche Pubs und Diskos. Im Winter veröden große Teile Port d'Alcúdias zu Geisterviertlen. Das alte Alcúdia hingegen bleibt als gewachsenes Inselstädtchen ganzjährig belebt, dienstags und sonntags finden Wochenmärkte statt.

Al-Kudia heißt im Arabischen »der Hügel«. Auf ihm errichteten die Mauren ab 903 ihre Hauptstadt für die gerade eroberte Insel. Als Steinlieferant diente ihnen das damals schon seit mehreren Jahrhunderten menschenleere römische Pollentia unterhalb der neuen Siedlung.

SEHENSWERTES

Ciutat de Pollentia/Teatre Romà
Pollentia ist der römische Hauptfundort der Insel. Von der einst prächtigen Stadt, die ab dem 5. Jh. verlassen wurde und seitdem nach und nach verfiel, sind nur noch einige Säulen und die Grundmauern der *Casa de la Portella* zu sehen – die Steine dienten den arabischen Eroberern zum Bau Alcúdias, der neuen Inselhauptstadt. *Gegenüber der Stadtmauer, Carretera Port d'-Alcúdia, Di–Fr 10–13.30 und 15.30–17.30, Sa/So 10.30–13 Uhr*

Auch das kleinste Amphitheater Spaniens, das Teatre Romà, ist nur noch in seinen Grundmauern erhalten. Es bot einmal Platz für 2000 Menschen. In den Rangrei-

Insider Tipp

hen befinden sich prähistorische Höhlen, am Eingang trapezförmige Grabstätten (6. Jh.). *Port d'Alcúdia, 200 m Fußweg ab Carretera Alcúdia, Eintritt 1,80 Euro*

Cova de Sant Martí

Die 15 m tiefe Katakombe wird als geheimer Versammlungsort der ersten Christen im römischen Pollentia gedeutet. Sie bezaubert auch in ihrer heutigen Gestalt mit den Altären der Heiligen Martin (vermutlich 13. Jh.) und Georg (vermutlich 17. Jh.). *Am Fuß des Puig de Sant Martí, hinter dem Hotel Bellevue (ausgeschildert), tgl. bis zum Einbruch der Dunkelheit (Taschenlampe mitnehmen!)*

Stadtmauer

Zur Abwehr ständiger Piratenangriffe wurde 1298 unter König Jaume II. mit dem Bau der Stadtmauer begonnen. Bis 1660 kamen immer mehr Bollwerke und ein zweiter Mauerring dazu. Im 19. Jh. Teilabriss wegen Einsturzgefahr. Sie können an den Mauern entlanggehen, vorbei an den Toren San Sebastià, Vila Roja und Xara. Fest integriert in die Mauer ist die Pfarrkirche Sant Jaume mit schönem Rosettenfenster. Der Bau wurde im 14. Jh. begonnen und erhielt im 16. und im 19. Jh. seine heutige Gestalt. Im Innern prächtiger Hauptaltar mit Jakobusstatue und die kleine Seitenkapelle im Renaissancestil mit dem hölzernen Kruzifix Santcrist, das alle drei Jahre zur Prozession am Fest Santa Anna gezeigt wird *(sommers Di–Fr 10–13, So 10–12 Uhr; winters nur zu den Gottesdienstzeiten Di–Do 19.30, So 9.30, 12 und 19.30 Uhr)*.

MARCO POLO Highlights »Der Norden«

★ **Halbinsel La Victoria**
Fußwanderung zur Penya Rotja mit berückenden Ausblicken (Seite 33)

★ **Capdepera**
Die größte und am besten erhaltene Burganlage der Insel (Seite 36)

★ **Son Serra de Marina**
Baden am naturgeschützten Dünenstrand Es Arenal (Seite 38)

★ **S'Albufera**
Fahrradtour durch die Schilf- und Vogelwelt (Seite 43)

★ **Halbinsel Formentor**
Sonnenuntergang am Fuß der Talaia d'Albercutx (Seite 47)

★ **Fornalutx/Biniaraix**
Treppensteigen in Mallorcas schönsten Bergdörfern (Seite 49)

★ **Torrent de Pareis**
Spaziergang von Sa Calobra zur kolossalen Mündung des Wildbachs (Seite 48)

★ **Tal von Sóller**
Reizvolle Bergwanderungen mit Orangen-Ausblicken (Seite 48)

Museu Monogràfic de Pollentia

Das Modell eines römischen Hauses hilft dem Besucher, sich das einstige Pollentia besser vorzustellen. Das Museum birgt Funde aus talayotischer und römischer Zeit mit wichtigen Ausgrabungsfunden von Pollentia. *Carrer Sant Jaume, 30, Di–Fr 10–13.30 und 15.30 bis 17.30, Sa/So 10.30–13 Uhr, Eintritt 1,20 Euro*

In Port d'Alcúdia sind besonders Fisch und Meeresfrüchte zu empfehlen. Der massive Zuzug andalusischer Gastarbeiter ließ außerdem gute *tapa*-Bars entstehen.

Can Punyetes

Kleine *tapa*-Bar mit großer Auswahl. *Carrer Barques, Tel. 971 54 83 52, Di geschl.,* €

Miramar

◁/▷ Der Blick aufs Meer ist im feinen Fischessen inbegriffen. *An der neuen Fußgängerpromenade, Tel. 971 54 52 93, Tisch reservieren,* €€€

Es Convent

Zauberhaft restauriertes Stadthaus in der Altstadt von Alcúdia mit nur vier Zimmern, hell und mit einer gelungenen Mischung aus Bodenständigem und Modernem dekoriert. Ein sehr gutes Restaurant mit mediterraner Frischeküche gehört dazu. *Carrer del Progrés, 6, Tel. 971 54 87 16, Fax 971 54 98 03,* €€–€€€

Golf Garden

Ortsnahe Anlage mit 120 Studios in der ersten Reihe am Meer. Pool, Garten und Restaurant. *Avinguda Reina Sofía, 13, Tel. 971 89 23 53, Fax 971 89 19 83,* €€

Son Siurana

◁/▷ Der 250 Jahre alte Familienerbhof wurde 1999 in ein bildschönes Landhotel mit Traumblick, Pool und sieben Luxusferienwohnungen umgewandelt. *8 km südwestlich, Carretera Palma–Alcúdia, Tel. 971 54 96 62, Fax 971 54 97 88, www.sonsiurana.com,* €–€€

Die Buchten von Pollença und Alcúdia sind tolle Segel- und Surfreviere, die auch für Anfänger geeignet sind. Der breite, lange Sandstrand von Alcúdia ist, weil weit ins Meer hinein flach, vor allem für Familien mit Kindern ideal. Hier ist Wassersport aller Art möglich. Fahrradverleih in allen Zonen Port d'Alcúdias.

Happy Sailing Espanyola

Segel- und Surfschule, auch Yachtcharter. *Beim Sunwing Hotel Nuevas Palmeras, Tel. 971 54 87 51, Fax 971 54 88 01, Ende April bis Mitte Nov.*

Nuevas Palmeras

Tennis- und Squashzentrum, in dem auch Unterricht erteilt wird. *Beim Sunwing Hotel Nuevas Palmeras, Tel. 971 89 14 23*

Rancho Ses Roques

Verleih von Reitpferden, Tagesausritte. *Nähe Hotel Lago Monte, Tel. 971 89 28 09*

🏃 Die Renner unter den Diskos sind *Menta* und *Magic* (nahe dem Verteilerkreisel bei *Burger King*).

ZIELE IN DER UMGEBUNG

Halbinsel La Victoria   [126 B2–3]

★ 〰 Weniger berühmt, aber nicht minder schön als die Halbinsel Formentor ist dieser zweite ins Meer ragende »Landfinger«. Die ab Alcúdia gut ausgeschilderte Straße führt an den hübschen Villenorten Mal Pas und Bonaire mit Yachthafen vorbei und windet sich dann an romantischen kleinen Buchten entlang hinauf zur *Ermita de la Victoria*. Verehrt wird hier die Virgen de la Victoria, eine gotische Marienfigur und Schutzpatronin von Alcúdia, die der Legende nach die Stadt auf wundersame Weise vor maurischen Piraten rettete. Die heutige Kirche von 1679 wirkt wie eine Festung. Von hier aus lohnt sich die etwa 45-minütige ==Fußwanderung hoch über der Steilküste mit Traumblicken zur Penya Rotja.== Ho-

Insider Tipp

tel: *Mal Pas* mit 212 Betten, Pool und Restaurant im gleichnamigen Ortsteil *(Tel. 971 54 51 43, Fax 971 54 51 33, €)*. Restaurant: *Mirador de la Victoria* mit Sonnenterrasse, tollem Blick auf die Bucht von Pollença, jedoch mäßiger Regionalküche *(Mo geschl., Tel. 971 54 71 73, €€)*.

ARTÀ

[133 D–E3] Egal, aus welcher Richtung man kommt, Artà kann sich sehen lassen. Gekrönt wird das Landstädtchen (6000 Ew.) im äußersten Nordosten der Insel von einer trutzigen Zitadelle, aus der sich wie eine zusätzliche feste Burg die Wallfahrtskirche Sant Salvador erhebt. Etwas unterhalb überragt die ebenfalls festungsähnliche Pfarrkirche den Terrassenort. Zypressen und Mandelbäume setzen grüne Tupfer in das Ocker der Mauern. Der äußere Eindruck hält, was er verspricht. Einige wehrhafte Herrenhäuser, blühende Gärten und kleine Plätze, viele Bars und

Wehrhaft umschließen die Burgmauern von Artà die Bergkuppe

ein paar Restaurants prägen das Straßenbild. Noch haben sich alte Bräuche, wie die Bast- und Korbflechterei und die teuflischen Feste zu Sant Antoni, erhalten. Jeden Dienstag findet in Artà der Wochenmarkt statt.

Das Städtchen ist sehr alt. Manche leiten seinen Namen vom griechischen *ártos* (Brot) ab und vermuten hier ein Zentrum antiker Getreidespeicher, andere bemühen den arabischen Begriff *jartan* (Garten) und beziehen ihn auf die maurische Vergangenheit und das fruchtbare Artà-Tal. Auf jeden Fall lebten hier schon in der Bronzezeit Menschen, wie talayotische Funde dokumentieren.

SEHENSWERTES

Festung/Kirche Sant Salvador

Von der Pfarrkirche führt ein zypressengesäumter 180-stufiger Kreuzweg *(calvario)* zur Festung. Aus der arabischen *almudaina* (wehrhafter Palast) wurde unter König Jaume I. ein christliches Bollwerk. Im Innern der Wallfahrtskirche Sant Salvador illustriert das rechte Seitengemälde die Übergabe Mallorcas durch den arabischen Wali an den Christenkönig. Um die hier verehrte Madonna aus dem 17. Jh. ranken sich Legenden von wiederholter Rettung vor Piratenangriffen. Lohnend ist der Blick vom Mauerwall auf das harmonische Halbrund Artàs. Im Burghof Cafeteria. *Auffahrt mit dem Auto möglich, tgl. 10–18 Uhr*

Ses Païsses

Diese talayotische Siedlung ist eine der gepflegtesten und am besten erhaltenen der Insel; bewohnt war sie von 1300 v. Chr. bis zur römischen Herrschaft im 1. Jh. v. Chr. Eindrucksvoll sind der Haupteingang und die Außenmauer, die aus tonnenschweren Megalithblöcken besteht. Die zentral gelegene *talaia* (Wachtturm) soll auch Wohnsitz der Oberhäupter gewesen sein. Guter Prospekt in Deutsch. *Nach dem stillgelegten Bahnhof rechts an der Carretera Artà–Capdepera (ausgeschildert), Mo–Fr 9–13 und 15–19 (winters 14.30–17 Uhr), Eintritt 1,80 Euro*

Pfarrkirche

Die einstige Wehrkirche Transfiguració del Senyor, 1284 geweiht und im 16. Jh. gotisch verändert, birgt eine schöne, inseltypische Kanzel. *Am Fuß des Kreuzwegs*

MUSEUM

Museu Regional

Gleich neben dem hübschen Rathaus ist das Heimatmuseum untergebracht. Funde aus talayotischer, phönizischer, griechischer und römischer Zeit stehen neben Kollektionen von Korbflechterwerkzeug und präparierten Exemplaren der Inselfauna. *Carrer Estrella, 4, Mo–Fr 10–12 Uhr*

ESSEN & TRINKEN

Finca Es Serral

Nicht mehr ganz so uriges Fincalokal wie früher, seit es stark von Deutschen frequentiert wird. Gute Inselküche. *Bei der Tankstelle an der Straße nach Capdepera dem Schild »Depuradora« (Kläranlage) bergan folgen bis zum Wegende, Tel. 971 83 53 36, Tisch bestellen, Mo und Nov.–März geschl., €€*

Aburador

Sieben große Zimmer in einem historischen Stadthaus mit viel Komfort. Unter deutsche Leitung. *Carrer Abrevadero, 21, Tel./Fax 971 83 52 30,* €

Can Moragues

Neues, komfortables Hotelleben in altem, vorbildlich restauriertem Herrenhaus in der Altstadt. Mit beheiztem Innenpool und schönem Patio. 16 Betten. *Carrer Pou Nou, 12, Tel. 971 82 95 09, Fax 971 82 95 30, www.canmoragues.com,* € €

Insider Tipp

Finca Son Gener

Zur bildschönen Edelfinca umfunktioniertes Landgut aus dem 18. Jh. 20 Betten in großen, hellen Räumen. *Carretera Son Servera–Artà, Kilometer 3, Tel. 971 18 37 36, Fax 971 18 35 91,* € € €

Ermita de Betlem [133 D2]

Wie eine Oase wirken die Gärten und die Einsiedelei von Betlem, wenn man die Serpentinenfahrt über den eher kargen Puig de sa Font Crutia hinter sich hat. Fünf Mönche beten und arbeiten hier am Ende der Welt. Besucht werden können nur die Klosterkapelle mit einer Zypressenallee und der ▼ Mirador mit Weitblick über die Bucht von Alcúdia bis zu den Halbinseln La Victoria und Formentor, ferner das nahe gelegene heilige Quelle Sa Font, an der man idyllisch picknicken kann. Für Manche ein Ort zum Frommwerden. *Die Fahrstraße beginnt an der Festung von Artà, 9,5 km*

Cala Torta/ Cala Mitjana [133 E2]

Die beiden benachbarten *calas* (Felsenbuchten mit Sandstrand) liegen an der Nordküste im Bereich einer nie zu Stande gekommenen Feriensiedlung. Sie sind feinsandig, durch Klippen voneinander getrennt und wildromantisch. Der Autoweg dorthin ist schlecht und zieht sich; er beginnt (ausgeschildert) hinter Artà an der Straße nach Capdepera und ist insgesamt rund 10 km lang.

CALA RAJADA

[133 F2–3] Der idyllische Hafen und seine Fischer haben den vorwiegend deutschen Tourismusboom gut überstanden, den dieser größte Ferienort des Nordostens seit Beginn der 1960er-Jahre erlebt. Nachmittags kehren die Fischer mit ihrem Fang zurück: ein lohnender Hafentreff.

Auf die 2500 Einwohner des Ferienortes mit bildschöner Uferpromenade kommen 15 000 Gästebetten. Cala Rajada, die Rochenbucht, besteht eigentlich aus einer ganzen Reihe felsengesäumter *calas*. Breit und feinsandig ist die *Cala Agulla,* klein und im Sommer überlaufen der Strand von *Son Moll,* winzig und hübsch die *Cala Gat,* sportiv der Strand *Cala de sa Font.* An Schönheit vergleichbar mit der piniengesäumten Cala Agulla ist der 10 km entfernte Sandstrand der *Cala Mesquida* mit seinen zwar nicht gerade ansehnlichen, aber unauffälligen Bauten. Im Zentrum von Cala Rajada reizen sommers aparte Boutiquen. An der Hafenmeile reiht sich eine Bar an die andere, von denen mal diese, mal jene »in« ist.

Straßencafé in Cala Rajada

SEHENSWERTES

Villa March
Die Sommerresidenz der steinreichen Familie March liegt auf einem Hügel über dem Hafen. Die Villa ist eine gelungene Synthese aus Architektur, Kunst und Natur. Die mehr als 70 überwiegend abstrakten Skulpturen, die im Park aufgestellt sind, sind nur mit Voranmeldung und Führung zu besichtigen, *Tel. 971 56 30 33.*

ESSEN & TRINKEN

Can Maya
Gemütliches, gutes Fischlokal mit Hafenblick. *Carrer Leonor Servera, 80, Tel. 971 56 40 35, Mo und Dez.–Feb. geschl., €€*

ÜBERNACHTEN

Can Pedrus
Nahe dem Strand von Son Moll, in einem ruhigen Villenviertel, liegt dieses gepflegte 44-Betten-Hotel mit Pool und Garten unter Schweizer Leitung. *Tel. 971 56 51 89, Fax 971 56 51 85, €*

Club Hotel L'Illot
Das 204-Betten-Aparthotel mitten im Ort bietet die tollste überdachte Badelandschaft der Insel, auch für Nichthotelgäste. *Carrer Hernán Cortes, 41, Tel. 971 81 82 84, Fax 971 81 81 67, €€*

FREIZEIT & SPORT

8 Club Nautico
Alle Wassersportarten, Segeln, Surfen, Motorboot, Tauchen, Wasserski, Wakeboard, Jetski in Kursen für Anfänger. Verleih für Könner. *5 Min. vom Badestrand der Font de Sa Cala, Tel. 971 56 44 36*

Golf Capdepera
18-Loch-Platz mit einem schönen Clubhaus, Greenfee 57 Euro. *Carretera Cala Rajada–Artà, Tel. 971 81 85 00*

AM ABEND

Größtes Tanzlokal ist das zentral gelegene *Bolero*, heißeste Disko das 🏃 *Xiroi* mit Pool an der Platja de Son Moll.

ZIELE IN DER UMGEBUNG

Capdepera [133 F3]
★ 〰 Die Burg ist die besterhaltene und größte der Insel *(8 km von Cala Rajada, tgl. außer Mo 10–20*

(winters bis 17) Uhr; Eintritt 1,20 Euro). Bar/Café: *L'Orient Café* am Platz beim Aufgang zur Burg; Spezialitäten sind *tapas* und *entrepas*, warme Brötchen mit phantasievollem Belag.

Insider Tipp

Coves d'Artà [133 F4]
Tropfsteinhöhle am Kap Vermell mit rauchgeschwärztem, schlundartigem Eingang über dem Meer. *40minütige Führung, tgl. 10–19 (winters 17) Uhr, Eintritt 7,20 Euro*

Platja de Canyamel [133 F4]
Die kleine Feriensiedlung südlich der Höhlen von Artà hat einen etwa 300 m breiten grobsandigen Strand mit schilfbewachsener Lagune. Der *Canyamel Golf Club* mit 18 Löchern zählt zu den schwierigen Plätzen *(Greenfee 57 Euro, Tel. 971 84 13 13)*. Klein, aber fein übernachten Sie im *Hostal Cuevas* über dem Strand *(24 Betten, Halbpension, Tel. 971 84 15 00, Fax 971 84 13 57, €€)*. Das Restaurant *Porxada de Sa Torre* ist ein rustikales Ausflugslokal. Es liegt an der Straße nach Artà neben dem Verteidigungsturm aus dem 16. Jh.; Spezialität des Hauses: Spanferkel *(Tel. 971 84 13 10, Mo und Dez. bis Feb. geschl., €)*.

CAN PICAFORT

[132 B1–2] Der gesichtslose Badeort mit unzähligen Bars und Läden an der Hauptstraße und dem etwa 3 km langen, feinsandigen Strand mit hübscher Restaurantpromenade ist im Sommer quirlig mit vorwiegend deutschen Gästen. Viele Pubs und Diskos sorgen für ein typisches Feriennachtleben. Im Winter allerdings sind die Hotels mit ihren 17 000 Betten völlig verwaist. Ab dem östlich gelegenen Strand von Son Bauló beginnt jedoch ein landschaftlich reizvoller Küstenabschnitt mit Klippen und Sandstränden, der etwa 10 km lang ist. Sportmöglichkeiten: *Rancho Grande* für organisierte Ausritte *(Carretera Artà, Kilometer 13,6, Tel. 971 85 41 21)*; ein *Tenniscenter* gibt es im Hotel *Gran Vista (Carretera Artà, Tel. 971 85 00 52)*.

SEHENSWERTES

Nekropolen Son Real und S'Illa d'en Porros [132 B2]
In diesen beiden Gräberstädten wurden vom 7. bis zum 2. Jh. v. Chr. hunderte von Menschen bestattet. Man fand Schmuck und Geräte, aber auch trepanierte Schädel aus der talayotischen Epoche, die zu der Vermutung geführt haben, dass man damals mit dieser chirurgischen Methode Abhilfe gegen Wahnsinn und Dämonen schaffen wollte. Sie erreichen Son Real zu Fuß in einem etwa *20-minütigen Marsch* vom Strand von Son Bauló aus südostwärts am Meer entlang; nach einer weiteren Viertelstunde Fußweg kommen Sie an eine Stelle, von wo aus Sie bei ruhigem Seegang zur Insel Porros hinüberschwimmen können.

Insider Tipp

ESSEN & TRINKEN

Mandilego
Einzige lukullische Oase am Ort; feine Fischgerichte in nautisch dekoriertem Rahmen. *Carrer Isabel Garau, 49, Tel. 971 85 00 89, Mo und Mitte Dez.–Mitte Feb. geschl., €€€*

ÜBERNACHTEN

Predio Son Serra

Das rustikale Fincahotel im Hinterland mit Schwerpunkt Reiten und Wandern ist eine Alternative zum Küstenrummel. 40 Betten. *Carretera Muro, Tel. 971 53 79 80, €€*

Son Doblons

Aufwändig restaurierte und großzügige Herrenhaus-Landhotel-Anlage mit 16 Betten, Pool und Restaurant. *Carretera Petra–Son Serra de Marina, Kilometer 12,8, Tel. 971 18 51 08, Fax 971 18 51 63, €€€*

ZIELE IN DER UMGEBUNG

Colònia de Sant Pere   [132–133 C–D2]

Der erst 1980 gegründete, immer noch verträumte Ort am Ostende der Bucht von Alcúdia kann Endziel kilometerlanger Strandwanderungen ab Can Picafort und Startpunkt für Wanderungen auf der Halbinsel Ferrutx sein. Das Hotel *Hostal Solimar*, 12 Betten, unter deutscher Leitung, liegt oberhalb des Dorfes *(Tel. 971 58 93 47, Fax 971 58 91 43, €)*.

Son Serra de Marina   [132 C2]

★ Die junge Feriensiedlung in Wildwestmanier bietet am Ostende zwei Cafeterias und ein kleines Hostal. Dahinter erstreckt sich der 2,5 km lange, naturgeschützte Dünenstrand *Es Arenal* bis nach Colònia de Sant Pere; Liegestühle und Sonnenschirme gibt es nicht, dafür wird ganz am Ende FKK geduldet. Ein gut erhaltener *talaiot* markiert die Zufahrt bei Kilometer 14,2 an der Straße nach Artà.

DEIÀ

[129 F2] Von den 615 gemeldeten Einwohnern des bildschönen Bergdorfes sind die Hälfte Ausländer, schon längst nicht mehr nur feinsinnige Poeten und Maler, die Deià ab den 1920er-Jahren zum »Künstlerdorf« erhoben, sondern vielmehr wohlhabende Fincabesitzer. Entsprechend aufwändig geben sich Hotellerie und Gastronomie. Im Sommer drängen sich Bus- und Autokolonnen durch die enge Durchgangsstraße und an dem romantischen Kiesstrand der Cala de Deià viel zu viele Badegäste. Auch die steilen, idyllischen Gässchen des Kirchberges erklimmen immer mehr Autofahrer. Das Festival de Deià von Juli bis Oktober hat sich mit Kammermusikkonzerten in der Pfarrkirche und in Son Marroig etabliert *(Programm und Karten: Tel./Fax 971 63 91 78)*.

ESSEN & TRINKEN

Can Jaume

Rustikale Regionalküche. *Hauptstraße, Tel. 971 63 90 29, tgl. außer Mo, €€*

El Olivo

In der alten Ölmühle des Hotels *La Residencia*, sehr exquisit, mit michelingestirnter mediterraner Küche. *Tel. 971 63 93 92, tgl., Tischreservierung, €€€*

Sebastián

Internationale Frischeküche, gemütlich-rustikales Ambiente. *Carrer Felipe Bauza, Tel. 971 63 94 17, Mo und Mitte Jan.–Mitte Feb. geschl., €€€*

ÜBERNACHTEN

S'Hotel d'es Puig

1996 renoviertes 16-Betten-Hotel am Kirchberg mit einem Pool und tollem Terrassenblick. *Tel./Fax 971 63 94 09, €€*

La Residencia

Umrahmt von Blütenkaskaden, mit Pool-Landschaft und Traumblick auf den Kirchberg, ist dieses ehemalige Herrenhaus mit 120 Betten und einer <mark>Villa zum allein Bewohnen</mark> an der eigenen Minibucht immer noch eine sehr gute Inseladresse. *Tel. 971 63 90 11, Fax 971 63 93 70, €€€*

Insider Tipp

ZIEL IN DER UMGEBUNG

Lluc Alcari   [129 F1]

Das viel fotografierte Natursteindorf über dem Meer hat nur 20 Einwohner. Den größten Teil nimmt das Hotel *Costa d'Or* ein, ein einfaches 69-Betten-Haus mit Pool und Meerblick *(Nov. bis April geschl., Tel. 971 63 90 25, Fax 971 63 93 47, €€)*. Restaurant: *Bens d'Avall*, mit feiner mediterraner Küche auf der <mark>Terrasse über dem Meer;</mark> Sie erreichen es nach rund 6 km langer, kurvenreicher Fahrt (ausgeschildert) in Richtung Sóller *(Nov.–April, So abends und Mo geschl., Tel. 971 63 23 81, €€€)*.

Insider Tipp

INCA

[131 D2] Mallorcas drittgrößte Stadt mit 25 000 Ew. ist interessanter als ihr Ruf. Aus dem einstigen Majolikazentrum wurde gegen Ende des 19. Jhs. eine Lederstadt, die heute wieder 4000 Menschen Arbeit gibt. *Antony's Conexion, Asinca, Camper* und *Munper* heißen die vier Lederwarenfabriken, die ihre Ware an der Carretera Palma–Alcúdia anbieten. So unschön die

Blick über das Dorf Lluc Alcari hinweg aufs Meer

Farbenprächtige Vielfalt von Obst und Gemüse auf dem Markt von Inca

Stadt ausfranst, so hübsch hat sie sich im Zentrum mit Fußgängerzone, kleinen, begrünten Plätzen und einigen guten Bars gemausert. Da die Touristenströme sich bei den Verkaufshallen der Lederfabriken am Stadtrand brechen, bleiben die Leute von Inca im Stadtkern unter sich. Schön anzusehen sind der einzeln stehende Glockenturm der Pfarrkirche und die zwei *gegants,* ein fast 4 m hohes Schuhmacherpaar im Rathaus an der Plaça d'Espanya, das Incas Zunft ehrt. Mit seiner Markthalle (donnerstags auch Freimarkt), sehr guten Bäckereien (Herstellung der *galletes,* mallorquinischer Cracker) und einem halben Dutzend uriger *cellers,* Kellerrestaurants, könnte man Inca als »Fressstadt« bezeichnen.

ESSEN & TRINKEN

Celler Can Amer
Schönstes Kellerrestaurant, einfallsreiche Regionalküche. *Carrer Pau, 39, Tel. 971 50 12 61, Mai–Aug. Sa/So, sonst So geschl.,* €€

ÜBERNACHTEN

Casa del Virrey
Das »Haus des Vizekönigs« mit 30 Betten und tollem Frühstücksbüfett **Insider Tipp** ist ein komfortables Landhotel. *Zufahrt Carretera Inca–Sencelles, Kilometer 2,4, Tel. 971 88 10 18, Fax 971 88 33 23,* €€€

Es Castell
Gemütlicher Landsitz mit Pool, 14 Betten und weitem Talblick am Ende der Welt. Eigenes Restaurant mit heimischer Küche. *Bei Binibona, Tel./Fax 971 87 51 54,* €€€

Finca Son Vivot
Einfach eingerichtetes, historisches Landhaus mit 8 Betten und freundlichen Gastgebern. *Carretera Inca–Alcúdia, Kilometer 34, Tel./Fax 971 88 01 24,* €€

ZIELE IN DER UMGEBUNG

Alaró/Orient   [130 B2–3]
Alaró (4000 Ew.) ist ein gemütliches, von Gärten und Mandelbaumhainen umgebenes Dorf. Mittelpunkt ist der Marktplatz mit Kirche, Rathaus, Bars und der Bäckerei *Ca na Juanita* (von 1910), die berühmt ist für ihre *ensaïmadas.* Hotel: *Hostal Can Tiu* unter deutscher Leitung, mit 22 Betten und Restaurant sowie Wanderprogramm, mitten im Dorf *(Tel. 971 51 09 74,* €*).*

Entweder vom Berggasthof Es Verger oberhalb von Alaró oder von dem 9,5 km weiter oben in den Bergen gelegenen Dorf Orient aus lohnt sich die Wanderung zum ◀▶ *Castell d'Alaró* (etwa 1 Std. von beiden Seiten). Die Wallfahrtskapelle der Burgruine (822 m) birgt die Bilder der beiden königstreuen Märtyrer Cabrit und Bassa, welche die Burg im 14. Jh. gegen Alfonso III. von Aragonien vergeblich verteidigten und bei lebendigem Leibe geröstet wurden. Burgherberge/Restaurant: sehr einfach *(Di geschl., Tel 971 51 04 80, €)*. Bergrestaurant auf halber Höhe: *Es Verger,* berühmt für seine Lammschulter und seine Schnecken in uriger Kaminstube *(Tel. 971 18 21 26, €)*.

Um das Bilderbuchdorf Orient (10 Ew.), das vor allem als Zweitwohnsitz genutzt wird, stehen Apfelbäume Spalier. Hotels/Restaurants: *L'Hermitage,* einst Kloster, heute Landhotel mit Pool, Tennis und Restaurant in einer alten Ölmühle, abgeschieden gelegen, 48 Betten *(Tel. 971 18 03 03, Fax 971 18 04 11, Nov.–Jan. geschl., €€€); Hostal de Muntanya,* einfach, mitten im Ort, Radler- und Wanderertreff, 34 Betten *(Tel. 971 61 53 73, €)*.

Binissalem [130 C3]

Der hübsch restaurierte Ort (5100 Ew.) war Mallorcas erste Region, deren Weine die Ursprungsbezeichnung »Denominació de origen« tragen dürfen. Die größte örtliche *bodega* ist die *Franja Roja* der Brüder Ferrer an der Straße nach Palma, wo Sie auch verkosten können. Direkt am Kirchplatz hat sich das Hotel *Scott's* mit 32 Betten und reizendem Innenhof etabliert, eine kleine Oase mit viel Komfort und Fantasie *(Tel. 971 87 01 00, Fax 971 87 02 67, www.scottshotel. com, €€€)*. Restaurant: *Can Arabí,* mallorquinische Küche in gemütlichem Rahmen mit Swimmingpool und Talblick, etwa 1,5 km hinter der Bahnstation bergauf *(Tel. 971 51 22 11, Mo geschl., €)*.

Campanet [131 E1]

Das lang gestreckte, ruhige Dorf, das sich über mehrere Hügel hinzieht, lebt vor allem an Dienstagen auf. Dann ist Markttag, und gleich nebenan, in der Bar *Sa Galerie,* drängt sich Jung und Alt am *tapa*-Tresen. Altes Handwerk wie Glasbläserei, Korbflechterei und Töpferei hat hier überlebt. Die Keramikwerkstatt *(taller)* von *Toni Bisquerra* liegt auf einem ◀▶ Mühlenhügel (*Carrer dels Molins,* ausgeschildert). Den Glasbläsern zuschauen kann man in der Manufaktur *Menestralía* bei Kilometer 36 an der Carretera Inca–Alcúdia *(So geschl.)*. Sehenswert sind die bizarren Tropfsteinhöhlen *Coves de Campanet,* die erst 1945 entdeckt wurden *(tgl. 10–17 Uhr, Erwachsene 6,60 Euro, Kinder 3 Euro),* 2 km nördlich des Dorfes im Tal des Torrent de Sant Miquel; hier steht auch die Kirche Sant Miquel (um 1229), das zweitälteste Gotteshaus der Insel, mit schönen gotischen Tafelbildern *(So 18 Uhr zur Messe geöffnet)*. Hotel: *Monnàber Vell,* altes Landgut mit Weinkeller, 12 Betten *(2 km außerhalb, Tel. 971 51 61 31, Fax 971 89 70 38, €€)*.

Foro de Mallorca/ Museu de Cera [124 C6]

Die etwas altmodische Freizeitanlage birgt ein kurioses *Wachsfiguren-*

kabinett, tgl. 9.30–19.30 (winters 10–19) Uhr, das auf rührende Weise Inselgrößen vorstellt, von den Steinschleuderern, nach denen die Balearen benannt sind (griechisch *ballein,* schleudern), bis zur spanischen Königsfamilie *(Erwachsene 7,20 Euro, Kinder 4,20 Euro).* Ganz hinten in der burgähnlichen Anlage versteckt sich der *Celler Mallorquín* mit den besten Grillkaninchen weit und breit *(Tel. 971 51 20 55, €).*

Insider Tipp

Kloster Lluc [125 D4]

Umgeben von einer imposanten Bergkulisse, die zum Wandern einlädt, liegt das Kloster Lluc in einem 525 m hoch gelegenen Tal, seit der christlichen Rückeroberung Mallorcas wichtigster Wallfahrtsort. Busseweise strömt man zur *Moreneta,*

Die prunkvolle Kirche birgt die hoch verehrte Schnitzfigur der »Moreneta«

der schwarzen Madonna in der Klosterkirche mit eindrucksvoller Fassade. Weite Picknickplätze säu-

men die mächtige Klosteranlage aus dem 17./18. Jh. Die Legende erzählt von einem maurischen, zum Christentum konvertierten Hirtenknaben, der im 14. Jh. lebte. Er fand die Marienstatue im Geröll und brachte sie dreimal zum Priester nach Escorca. Jedesmal kehrte die Madonna an den Fundort zurück und setzte damit das Zeichen für den Bau einer Einsiedelei, aus der später das Kloster wurde. Seit dem 16. Jh. singen die *blavets,* blau-weiß gekleidete Chorknaben der klösterlichen Singschule, *täglich außer in der Zeit von Mitte Juni bis Ende August um 11.15 Uhr (So 11 Uhr)* zur Messe. Im Klostermuseum sind neben archäologischen Funden die heiteren Bilder des Wahlmallorquiners Coll Bardolet ausgestellt. Wanderer (Tipp: rund um den Puig Roig in 6 Std.) und Pilger können in 100 der ehemaligen Zellen wohnen, sogar mit Zentralheizung *(Tel. 971 87 15 25, €).* Das Klosterrestaurant *Sa Fonda* ist räumlich eindrucksvoll, kulinarisch weniger *(Di geschl.).* Empfehlenswerter ist das Restaurant *Es Guix* mit guter mallorquinischer Küche und einem kalten Bergsee zum Baden, etwa 2 km (ausgeschildert) von Lluc Richtung Sóller *(Tel. 971 51 70 92, Di geschl., €€).*

MURO

[125 F5–6] Beim Wochenmarkt samstags und sonntags sind die Leute von Muro weitgehend unter sich, auch wenn zu dem ausgedehnten Gemeindegebiet mit 6000 Einwohnern ein Dutzend Strandhotels an der Platja de Muro gehören. Der stark landwirtschaftlich geprägte Ort ist einer der ältesten der Insel, erhielt er doch schon im Jahr 1300 die Stadtrechte von Jaume I. Seine monumentale Pfarrkirche mit dem durch eine Brücke verbundenen ehemaligen Verteidigungs- und heutigen Glockenturm beeindruckt ebenso wie die behaglichen alten Bürgerhäuser im Ortsteil *Comtat*.

MUSEUM

Museu de Mallorca

Das volkskundliche Museum in einem schönen Bürgerhaus aus dem 17. Jh. zeigt Handwerkskunst, etwa eine *siurell*-Sammlung, und Wohnräume, die das einstige Landleben illustrieren. *Carrer Major, 15, Di–Sa 10–13 und 16–18, So 10 bis 14 Uhr, Eintritt 1,80 Euro*

ÜBERNACHTEN

Parc Natural   [126 A4]

Dreistöckiger Komplex an der feinsandigen Platja de Muro, gegenüber dem Naturschutzpark S'Albufera, empfängt mit einem gigantischen Entrée: eine gläserne Kathedrale für Sonnenanbeter mit 280 Betten und allem Luxus. *Tel. 971 89 20 17, Fax 971 89 03 45,* €€€

ZIELE IN DER UMGEBUNG

S'Albufera   [126 A4–5]

★ Dieser 1700 ha große Naturschutzpark ist das größte Feuchtgebiet des Mittelmeerraumes, Durchgangsstation von mehr als 10 000 Zugvögeln aus Afrika und Nordeuropa, Lebensrevier von 200 Vogelarten, von Amphibien, Aalen und prächtigen Sumpforchideen. Und es gibt sogar noch vier Reisbauern. Bis 1989 schrumpfte diese Lagunen- und Sumpflandschaft erschreckend stetig zu Gunsten monströser Hotelanlagen im Raum Alcúdia/Muro. Und auch, nachdem die Albufera zum Parc Natural erklärt wurde, hat der Kampf von Naturschützern kein Ende. Das Kraftwerk bei Sa Pobla, Überdüngung des angrenzenden Agrarlandes und mangelnde Parkpflege sind die Streitpunkte. Auf schilfgesäumten Wander- und Fahrradwegen können Besucher das Leben in der Albufera beobachten. *April–Sept. 9–19, Okt.–März 9–17 Uhr, Eingang an der Englischen Brucke (Carretera Alcúdia–Can Picafort),* Informationsblätter und Ferngläserverleih beim *Centre Recepció* im Park.

Sa Pobla   [125 E–F5]

Das Bauerndorf mit den dicksten Kartoffeln ist nicht hübsch, hat sich jedoch Eigenarten bewahrt, die andernorts schon ausgestorben sind. Ähnlich wie in Muro sind es die traditionellen Feste wie Sant Antoni, der ländliche Sonntagsmarkt und eine scharf gewürzte Bauernküche, die man in den Bars rund um den Marktplatz, etwa im *Can Cotxer* mit *tapas* und saisonabhängigen Aalgerichten, kosten kann. Hotel: *Finca Es Rafal,* schön restauriert, zum allein Bewohnen für 8 Personen, Kamin und Pool, 3 km außerhalb an der Straße nach Búger *(Tel. 971 87 72 17,* €€*).*

POLLENÇA

[125 E–F 2–3] Das Landstädtchen im äußersten Inselnorden gibt sich recht eigenwillig. Die zumeist wohlhabenden Polleniner pflegen ihre archaischen Feste, einen eigenen Dialekt, ihr traditionelles Handwerk (*Galeries Vicenç:* Leinenstoffe mit Zungenmuster; am Verteilerkreisel), überhaupt die Künste. Mit einem Dutzend Kunstgalerien auf 14 000 Einwohner und dem Internationalen Musikfestival, das alljährlich mit Spitzenmusikern aufwartet, hebt sich Pollença stark vom Rest der Provinzorte ab, auch dadurch, dass die Einwohner selbst das kulturelle Angebot ihrer Stadt genießen und es nicht nur Fremden überlassen. Das Gassengewirr im Zentrum ist arabischen Ursprungs; die schön restaurierten Bruchsteinhäuser aus dem 17./18. Jh. mit strengen Fassaden und palastartigen Räumen entsprechen der vornehmen Zurückhaltung ihrer Besitzer. Die Pfarrkirche *Nostra Senyora dels Angels* mit großem Rosettenfenster (18. Jh.) beherrscht den Marktplatz (sonntags Wochenmarkt), der von Restaurants gesäumt ist. Er wurde samt Umgebung 1999 zur Fußgängerzone. Die *Bar Espanyol* ist lautstarker Treff für Einheimische wie für Zugereiste.

SEHENSWERTES

Calvari
365 Stufen führen am Kreuzweg (Kalvarienberg) zu der kleinen Wallfahrtskirche mit großem Blick. *Hinter dem Marktplatz, vorbei am Hahnenbrunnen (ausgeschildert)*

Kloster Santo Domingo
In dem vom Kreuzgang gerahmten Innenhof des ehemaligen Dominikanerklosters (heute Altersheim) findet im August das Internationale Musikfestival statt; im Winter wird hier an Sonntagen mallorquinische

Folklore geboten. Auch ist in dem Bau das örtliche Heimatmuseum *(Museu de Pollença)* mit Funden aus der talayotischen Zeit und einer Bildergalerie untergebracht. *Sommers Mo–Sa 10–13 und 18–20, winters Di und Do 10–12, ganzjährig So 10–12 Uhr*

Pont Romà
Die römische Brücke hat 2000 Jahre und Regenfluten des Torrent de Sant Jordi überdauert. *An der Straße nach Lluc*

Port de Pollença
Von dem kleinen Fischer- und großen Yachthafen der fast kreisrunden Bucht von Pollença erstreckt sich Richtung Westen die schönste Fußgängerpromenade der Insel unter uralten Pinien, flankiert von schönen Villen und Hotels der Gründerzeit. Nach Osten wurde der 1 km lange Strand künstlich verbreitert. Die Bucht mit vorwiegend britischen Gästen ist eines der besten Segel- und Surfreviere.

Puig de Maria
Die Auffahrt auf den 333 m hohen Hausberg der Stadt, gekrönt von dem ehemaligen Nonnenkloster Mare de Déu del Puig, beenden Sie am besten bei den letzten Häusern. Von hier aus gehen Sie erst auf der Straße, dann auf dem alten Pilgerpfad. Ein umwerfender Ausblick und die Einkehr im Klosterstübchen belohnen Sie. *Carretera Palma–Pollença, bei Kilometer 51*

MUSEUM

Casa Museu Dionís Bennàssar
Der einheimische Maler (1904–67) gehörte der Gruppe um Herme-

negildo Anglada Camarasa an. Sein Wohnhaus wurde 1999 zum Museum für 240 seiner Werke. *Carrer Roca, 14, sommers Di–So 10–13 und 18–20, winters Di–So 11 bis 13 Uhr, Mo sowie Jan. geschl., Sa-Vormittag kleine Konzerte*

ESSEN & TRINKEN

La Fonda
Beste mallorquinische Küche (nach Tagesangebot fragen) in schön restauriertem Bürgerhaus nahe dem Marktplatz. *Carrer Antoni Maura, 32, Tel. 971 53 47 51, abends Tischbestellung, Mo und Dez./Jan. geschl.,* €€

La Lonja
Fisch und Schaltiere, vor allem *caldereta de llagosta,* mit tollem Hafenblick. *Port de Pollença, an der Mole, Tel. 971 86 65 04, Jan./ Feb. geschl.,* €€€

Naciente
Ordentliche Regionalküche und gute *tapas,* sommers im Garten, winters *(Mo geschl.)* am offenen Kamin. *Carrer Llevant, 34, Tel. 971 86 68 48,* €

ÜBERNACHTEN

Club Pollentia
Die großflächige, eingeschossige Ferienanlage mit 1000 Betten und vielfältigem Sport- und Animationsangebot liegt, durch die Carretera Pollença–Alcúdia getrennt, isoliert am schmalen Strandende der Bucht von Pollença. *Tel. 971 54 69 96, Fax 971 54 73 41,* €€

Illa d'Or
Renoviertes Traditionshaus mit 240 Betten und Pool am Ende der Fußgängerpromenade von Port de Pollença. *Tel. 971 86 51 00, Fax 971 86 42 13,* €€

Juma
Das ansehnlich restaurierte Stadthotel liegt unmittelbar am Marktplatz von Pollença. *13 Betten, Tel. 971 53 50 02, Fax 971 53 41 55,* €€€

Saftiges Rasengrün und das silbrige Laubwerk alter Ölbäume: Golf Pollença

Relaxen an der Bucht von Cala Sant Vicenç

FREIZEIT & SPORT

Golf Pollença
9-Loch-Platz, vom ⚞ Clubhaus haben Sie einen schönen Fernblick, Greenfee 48 Euro. *Carretera Palma–Pollença, Kilometer 49, Tel. 971 53 32 16*

Sail & Surf
Segel- und Surfschule mit Bootsverleih. Auch einige Apartments und ein Bistro sind vorhanden. Unter deutscher Leitung. *Port de Pollença, Passeig Saralegui, 134, Tel. 971 86 53 46*

Escuela de Equitación y Yeguada Vallori
Angesehene Reitschule, Zucht reinrassiger Pferde und Dressurshow. *Di und Do 21 Uhr, Erwachsene 18 Euro, Kinder 9 Euro, Carretera Almadrava, Kilometer 1, Mobiltel. 607 43 25 83*

ZIELE IN DER UMGEBUNG

Cala Sant Vicenç   [125 F2]
Kleiner Villen- und Badeort mit zehn Hotels und zwei engen Sandbuchten vor dem senkrecht aus dem Meer ragenden Bergmassiv des *Cavall Bernat.* Am Ortsanfang befinden sich Grabhöhlen aus vortalayotischer Zeit. Tauchschule: *Los Pinguïnos* an der Cala Barques *(Tel./Fax 971 53 44 18).* Hotels: *Cala Sant Vicenç,* vorbildlich restauriert, mit Garten und 56 Betten sowie gepflegtem Restaurant, mitten im Ort *(Tel. 971 53 02 50, Fax 971 53 20 84, €€€);* Los Pinos, einfache Familienpension im Pinienhain mit Pool und 45 Betten *(Tel. 971 53 14 55, €); La Moraleja,* Luxushotel mit 34 Betten, an der Einfahrtsstraße, dennoch ruhig gelegen, *(Tel. 971 86 53 00, Fax 971 86 51 55, €€€)* Nebenan: *Restaurant Voramar mit lauschiger*

Inside Tipp

Terrasse und guter Regionalküche, Tel. 971 53 38 99, Di geschl., €–€€

Halbinsel Formentor [126 A–C 1–2]

★ ◣◥ Die lang gestreckte, schmale und schroffe Halbinsel begeistert Urlauber aus dem Norden bereits beim Anflug. Sie ist ein absolutes Muss und stark besucht. In den frühen Morgen- und den späten Nachmittagsstunden besteht eine Chance für weniger Verkehr auf der 18 km langen Traumstraße, die an ihrem Ende, vor dem Kap, zum Albtraum werden kann, wenn Busse und Leihwagen nicht mehr vorwärts- und zurückkönnen. Lohnender als das Kap ist eh der ◣◥ *Mirador* am Pass mit dem fotogenen Felseninselchen *Es Colomer,* den jäh abstürzenden 200 m hohen Felswänden und dem Piratenturm *Talaia d'Albercutx* gegenüber. Den halbstündigen Aufstieg belohnen ein Rundumpanorama über die halbe Insel und der schönste Sonnenuntergang weit und breit. Der berühmte Sandstrand *Cala Pi* am nicht minder berühmten Hotel *Formentor* ist hübsch, aber meistens überlaufen. Einsamer, wenn auch nur zu Fuß erreichbar sind die beiden Naturbuchten *Cala Figuera* und *Cala Murta* (Einstieg bei Kilometer 12). Die gesamte Halbinsel mit ihren Kiefernwäldern und Zwergpalmen ist im Besitz der Eigentümer des Hotels *Formentor,* das seit seiner Eröffnung 1929 Nobelherberge für Künstler, Politiker und Geldmagnaten war und ist *(240 Betten, herrlicher Park, mit dem Toprestaurant El Pi, Platja de Formentor, Tel. 971 86 53 00, Fax 971 86 51 55, €€€).*

SÓLLER

[124 A4–5] Eine Insel auf der Insel war das von mächtigen Tausendergipfeln umschlossene Städtchen einst, bis 1912 die heute nostalgische Schmalspurbahn aus dem Hause Siemens die bequeme Verbindung nach Palma brachte. Als zweites historisches Vehikel zockelt eine Straßenbahn mit offenen Wagons von Sóller zu dem 5 km entfernten Hafen. Seit Eröffnung des mautpflichtigen Straßentunnels 1997 ist es mit der Abgeschiedenheit der 20 000 Ew. endgültig vorbei. Stadt und Hafen leiden unter Verkehrsproblemen, denn Sóllers noch aus arabischen Zeiten stammende Gassen sind eng, und die terrassierten Zitrushaine drumherum lassen keine Ausdehnung zu. Als Tagesgast sollten Sie deshalb unbedingt die romantische Anfahrt von Palma mit dem Ferrocarril de Sóller wählen. Nach einer 50-minütigen Fahrt durch zehn Tunnel, vorbei an Orangengärten, erreichen Sie den schönen Jugendstilbahnhof. Dort stimmt Sie das Lädchen *Fet à Sóller* (»hergestellt in Sóller«) auf Bodenständiges ein. Den geschäftigen Einwohnern, den Sóllerics, können Sie am besten in einem der vielen Straßencafés am Marktplatz zuschauen. Eine Sünde wert sind die Süßigkeiten der umliegenden nostalgischen Konditoreien. Die prächtigen Jugendstilgebäude in den Kopfsteingassen dokumentieren den Reichtum der um die Jahrhundertwende aus Frankreich und Südamerika Zurückgekehrten, wohin sie zuvor wegen Arbeitslosigkeit emigriert waren. Zur Zeit der Orangenreife (Okt.–Mai) ist das

★ Tal von Sóller besonders reizvoll, auch für Wanderungen in die umliegende Bergwelt.

Casa de Cultura

Eines der vielen schönen Herrenhäuser von Sóller wurde in den 1960er-Jahren umgewandelt in ein ethnologisches Museum. Prunkstück ist die alte Küche mit großem Kamin, übervoll von Geräten und Gefäßen. *Carrer del Mar, 9, tgl. außer So 11–13 und 17–20 Uhr*

Jardí Botànic de Sóller

Die Verbundenheit der Sóllerics mit ihrer Heimat findet auch Ausdruck im botanischen Garten und im Naturwissenschaftlichen Museum am Stadtrand. Der gesamte Garten ist ein Lehrstück. Auf Tafeln werden endemische und andere Pflanzen der balearischen und kanarischen Inseln erklärt. Im alten Herrenhaus ist ein modernes Museum untergebracht, das einheimische Botaniker vorstellt, unter anderem auch Erzherzog Ludwig Salvator, dem Mallorca zahlreiche biologische Forschungserkenntnisse zu verdanken hat. *Bei Kilometer 30 an der Landstraße Palma–Port de Sóller, Di–Sa 10–17 (winters 10–14 und 15–17.30), So 10.30–13.30, Eintritt 1,80 Euro*

Sa Taulera

Saumäßig gutes (krosses) Spanferkel, Kaninchen und Rebhuhn von Jaumes Mandelschalengrill im einfachen Gasthaus. *Carretera Sóller–Pollenca, linke Straßenseite, Tel. 971 63 11 11, Mi geschl.,* €

Cas Puers

Gediegenes Stadthaushotel mit 14 Betten, holzgetäfeltem Speiseraum und blühender Terrasse. Michelingestirnte, teure Mittelmeergerichte. *Carrer Isabell II, 39, Tel. 971 63 80 04, Fax 971 63 04 29,* €€€

Ca's Xorc

Die mit viel Geschmack in ein edles Landhotel umgewandelte Finca ist zwar mühsam zu erreichen, aber eine Idylle. Zehn Zimmer, ein herrlicher Garten und eine hervorragende, mediterrane Küche (Berater: Eckart Witzigmann) erwarten Sie. *Carretera Deià, Kilometer 56,1, Tel. 971 63 82 80, Fax 971 63 29 49, www.casxorc.com, Mitte Nov.–Mitte Dez. geschl.,* €€

Es Port

Renoviertes Traditionshotel mit Pool und Garten in der zweiten Reihe am Hafen von Sóller. 310 Betten. *Carrer Antoni Rontis, 23, Tel. 971 63 16 50, Fax 971 63 96 62,* €€

Sa Calobra   [124 B3]

Spektakulär sind alle drei Arten, die kolossale, felsengerahmte Mündung des ★ *Torrent de Pareis* zu erreichen: die Autofahrt über die 14 km lange, wahnwitzige Serpentinenstraße mit einer Höhendifferenz von 800 m; die einstündige Bootsfahrt von Port de Sóller aus, vorbei an gigantischen Felsenkulissen; oder die mehr als sechsstündige, schwere Kletterpartie von Escorca aus durch den 4 km langen Canyon des Torrent de Pareis, ein nur in trockenen Monaten und auch nur für trainierte Wanderer machbares Abenteuer. Die Geröllmündung des Wildbachs bei Sa Calobra mit Kiesstrand ist durch zwei Fußgängertunnel (etwa 200 m lang) erreichbar und stark besucht. Entsprechender Rummel herrscht in den Restaurants (möglichst Picknick mitnehmen!). Ganz früh am Morgen und nach 17 Uhr (im Sommer) gibt es eine Chance für entspannten Landschaftsgenuss.

Embalse de Cúber   [124 B4–5]

Zusammen mit dem benachbarten Embalse de Gorg Blau, einige Kilometer nordöstlich, versorgt der Stausee unterhalb des Puig Major (1443 m) die Stadt Palma mit Trinkwasser. Sie können die Cúber-Talsperre fast umrunden und vom Ufer aus in 2 Std. die Berghütte *Tossals Verds* (540 m) erwandern, die bisher einzige der Insel und Ausgangspunkt für ein halbes Dutzend Bergwanderungen (30 Schlafplätze, Restaurant, *Tel. 971 18 20 27,* €). 12 km von Sóller in Richtung Pollença

Fornalutx/Biniaraix   [124 A4–5]

★ Fornalutx (600 Ew.) ist das noch schönere und deshalb stärker besuchte der beiden malerischen Bergdörfer oberhalb des Tals von Sóller. Die beiden ockerfarbenen, blumenreichen Treppenorte verbindet ein hübscher ◁▷ Höhenweg. Das *Petit Hotel*, ein hübsch restauriertes 16-Betten-Haus mit Pool, liegt mitten in Fornalutx *(Tel. 971 63 19 97, Fax 971 63 50 26, fornalutxph@baleares.com, €€–€€€).*

Mirador de Ses Barques   [124 A4]

◁▷ Oberhalb von Sóller liegt dieser Aussichtspunkt mit Restaurant und einem herrlichen Panoramablick auf Port de Sóller. Hier beginnt auch ein schöner, aber anstrengender Wanderweg von zur *Cala Tuent,* für den Sie etwa vier Stunden rechnen sollten; er führt vorbei an der einfachen Finca *Balitx d'Avall,* in der man essen und auch übernachten kann (20 Betten, *Tel. 971 63 42 40,* €).

Besucher des Bergdorfs Fornalutx müssen viele Treppen steigen

Hügelige Serra de Llevant und zerklüftete Küste

Eine schöne Ferienstraße verbindet imposante Höhlen mit exotischen Ferienparks in Mallorcas anmutigster Region

Die durch unzählige kleine und kleinste *calas* wie ein Sägeblatt gegliederte Ostküste mit ihren weißsandigen, piniengesäumten Stränden, dem türkisblauen Meer und weiß getünchten Häusern ist Mallorcas heiterste Seite. Hier könnte der Traum vom mediterranen Idyll am ehesten in Erfüllung gehen, wären da nicht in den Hochsommermonaten viel zu viele Urlauber in viel zu vielen Hotels an den kleinen, fjordähnlichen Buchten, die übersät sind mit zahllosen ankernden Yachten. Der Küstenstreifen zwischen dem Cap d'es Pins und der Punta de sa Galera zeichnet sich mit Ausnahme von Cala Millor/Sa Coma, Teilen der Calas de Mallorca und Portocristo Novo durch vergleichsweise geschmackvoll bebaute Ferienzonen aus, die allerdings viel Fläche einnehmen und für die kleinen Buchten unproportional viele Gästebetten aufweisen. Dazu kommt eine seit den 1990er-Jahren stark zunehmende Zersiedelung durch Zweit-

Die Kirche Sant Miquel in Felanitx

wohnsitze vor allem von Norddeutschen. Der Begriff »Hamburgerhügel« steht als Synonym für diese Entwicklung rund um Felanitx. Zwischen der Küste und dem Gebirgszug Serra de Llevant verläuft ==eine der schönsten Ferienstraßen der Insel:== Mandelbaumplantagen, Gärten mit Aprikosen- und Orangenbäumen, Getreide- und Weinfelder begleiten Rad- und Autofahrer auf ihrer Tour durch eine friedvolle, sanfte Mittelgebirgslandschaft. Von dieser parallel zur Küste verlaufenden Straße zweigen immer wieder Stichstraßen zu den vielen kleinen Buchten ab, die nur gelegentlich miteinander verbunden sind. Das erschwert Stippvisiten, die sich jedoch gerade im südlichen Bereich der Ostküste lohnen.

FELANITX

[138 A–B2] Dass Felanitx 15 000 Ew. hat, merkt man dem ländlich-verschlafenen Städtchen nicht an – außer sonntags, denn dann belebt der Wochenmarkt den sehenswerten Ortskern um die Plaça Espanya. Felanitx war zu arabischen Zeiten eine Hochburg der Herstellung von *azulejos* (blaue Kacheln), die vor allem nach Palma »exportiert« wurden; heutige Keramikwerkstätten könnte man als spätes Erbe ansehen. Die einstige Bedeutung der Stadt als Landwirtschaftszentrum belegen noch 25 Mühlentürme. Heute lebt Felanitx vom Tourismus der nahegelegenen Küstenorte, vom Obst- und Weinanbau, von Vieh- und Fischzucht und von Gewerbebetrieben.

SEHENSWERTES

Pfarrkirche Sant Miquel

Über einer Freitreppe erhebt sich die mit prächtigem Rosettenfenster und reich geschmücktem Portal ausgestattete Fassade der Kirche aus dem 18. Jh., deren Fundamente jedoch bis ins 13. Jh. zurückkreichen. *Sonntags zur Marktzeit und zu den Gottesdiensten*

Sonntagsmarkt

Etwa ab 10 Uhr bevölkert sich der Ortskern mit Freimarkt und Markthalle. In den Kneipen an der palmengesäumten Plaça Espanya herrscht dann drangvolle Enge. Das Tagesmenü des *Café des Mercat* an der Markthalle ist gut und preiswert.

ESSEN & TRINKEN

Vienna [138 A3]

Erfreulicher Lichtblick in der kulinarischen Wüste des Inselostens. Das kleine, gemütliche Lokal des Journalisten Rainer Fichel ist Kulttreff für Deutsche und Einheimische gleichermaßen. *Ca's Concos*

(7,5 km südlich), Carrer Metge Obrador, 13, tgl. ab 19 Uhr, Tel. 971 84 20 26

Can Tomèu [138 A3]

Unscheinbar, aber gut und solide ist hier das Menu. *Plaça Peralada, 14, Tel. 971 58 33 03, €*

EINKAUFEN

Kacheln und Keramik bei *Cerámicas Mallorca (Carrer Sant Agustí, im Ortszentrum, ausgeschildert)*, heimische Weine und Alkoholika in den *Bodegas de Felanitx (Carrer des Convent, 77)*, zeitgenössische Kunstobjekte in den Kunstgalerien *Pelaires-Felanitx*, Dependance des Kulturzentrums in Palma *(Plaça Espanya, 3, Mo–Fr 10–13 und 17 bis 20.30 Uhr)*, und *Galeria d'Art s'Escala 3 (Carrer de sa Plaça, 3, Di bis Fr 9–13, Sa 10–13 Uhr)*.

ÜBERNACHTEN

Sa Galera [138 A3]

1998 aufwändig renoviertes Herrenhaus aus dem 13. Jh. mit 32 Betten und gutem Restaurant. Man spricht Deutsch. *An der C-714 Cas Concos–Santanyí, Tel. 971 84 20 79, Fax 971 18 37 47, €€€–€€*

Son Menut [138 A3]

18-Betten-Landhotel mit Gestüt und Restaurant. *Camí de Son Negre, Zufahrt von der Carretera PM-512, Tel. 971 58 29 20, €€*

ZIELE IN DER UMGEBUNG

Cala Marçal [138 C3]

Vom gleichnamigen Hotel dominierte Badebucht, sandig, wenig begrünt, bei Portocolom. Das Restaurant ◁▷ *Cas Patió* mit Meerblick und Fischgerichten, *Tel. 971 82 41 06, €€,* liegt oberhalb der Bucht. Hinter der Cala Marçal, nur zu Fuß erreichbar, liegt die kleine, romantische ★ *Cala Brafi.*

Cala Sa Nau [138 C4]

Unverbaute, tief eingeschnittene Bucht, mit der kaum verbauten *Cala Mitjana* und den stark bebauten Buchten *Cala Serena* und *Cala Ferrera* verbunden.

Castell de Santueri [138 B3]

◁▷ Die Ruinen der gewaltigen mittelalterlichen Festungsanlage römisch-arabischen Ursprungs erheben sich auf einem Berg 7 km südlich von Felanitx. Die holprige Zufahrt lohnt sich wegen des Weitblicks und der seltsamen Entrücktheit des Ortes. *Unregelmäßige Öffnungszeiten, Auskunft Tel. 971 86 40 40, Eintritt 3 Euro*

Portocolom [138 C3]

★ Der alte Hafen von Felanitx mit seinen gut erhaltenen Fischer- und Bootshäusern und vielen traditionellen *llaüts* (mallorquinische Fischerboote) ist bislang bilderbuch-

schön geblieben, was auf das Fehlen größerer Sandstrände zurückzuführen ist. Lediglich an der Cala Marçal hat sich ein bescheidenes Touristenzentrum entwickelt. Die Anzahl der Einwohner (2500) verdreifacht sich für die Dauer der Hochsaison, wenn die Leute von Felanitx hier ihre Sommerhäuser beziehen. Kleine *hostals* bieten Unterkunft, etwa *César* mit 50 Betten, einfach, sauber und mit Grillrestaurant *(Richtung Cala Marçal, im Winter geschl., Tel. 971 82 53 02, Fax 971 82 46 98, €).* Hervorragende mediterrane Küche bietet das *Colón:* Wolf-Siegfried Wagner, Urenkel des Komponisten, ist Hausherr dieser ehemaligen Weinhandlung, die zum originell eingerichteten Restaurant umfunktioniert wurde *(Carrer Cristóbal Colón, 7, Tel. 971824783, Mi geschl., €€).*

Puig de Sant Salvador [138 B2]

★ ◁▷ Der heilige Berg von Felanitx (509 m) ist ein Doppelgipfel. Den höheren krönt ein Kloster, dessen Ursprung im 13. Jh. liegt und das von den Mönchen verlassen worden ist. Die Anlage birgt eine

---

MARCO POLO Highlights
»Der Osten«

★ **Portocolom**
Stiller Fischerhafen mit bunten Bootshäusern
(Seite 53)

★ **Puig de Sant Salvador**
Kirchliche Machtdemonstration mit großartigem Weitblick (Seite 53)

★ **Coves del Drac**
Tropfsteinhöhlen mit unterirdischem See und Musikshow (Seite 55)

★ **Cala Brafi**
Baden in unbebauter, romantischer Bucht
(Seite 53)

Boote im Hafen von Portocolom

Madonnenskulptur aus dem 13. Jh., ein gotisches Alabasterretabel und zwei Räume mit Votivbildern gesundeter Spender. Ein überdimensionales Steinkreuz auf dem zweiten Gipfel und eine riesige Christusstatue demonstrieren Kirchenmacht. Im Klosterrestaurant gibt es schmackhafte, einfache Kost mit großartigem Blick, und in zwölf der Klosterzellen finden Sie preiswerte Unterkunft. *6 km südöstlich von Felanitx*

umliegenden Ausflugslokalen antreffen kann, etwa im *Molí den Sopa an der* Straße nach Portocristo, €. Die Stadt lebt gut von der rundherum angesiedelten Souvenir- und Möbelindustrie und vom Fremdenverkehr, zählen doch 15 Strände, manche mit ausgedehnten Hotelsiedlungen, zum Gemeindegebiet. An der *C-715* reihen sich Möbelgeschäfte und Keramikläden aneinander; ferner ist dort *Oliv-Art* mit Drechselarbeiten zu finden.

MANACOR

[132 B–C5] Die zweitgrößte Inselstadt (30 000 Ew.) kommt in Reiseführern schlecht weg. Dabei ist das Stadtinnere mit seinen Cafés und Bars am Kirchplatz sehr authentisch; mehr als anderswo gehört das Zentrum seinen Bewohnern, die man an den Sonntagen auch beim mittäglichen Ausgehessen in den

Perlas Majórica

Eine der beiden in Manacor angesiedelten Perlenmanufakturen. Sie produziert etwa 2 Mio. Kunstperlen täglich und lässt sich dabei zuschauen. *Avinguda Majórica, 48 (von der C-715), Besuch und Verkauf am besten um 9 oder nach 17 Uhr, weil sonst Busgruppen Vorrang haben*

Torre dels Enaglstes

Die Anfänge dieses Wehrturms mit Palast reichen zurück ins 13. Jh. Heute ist darin ein archäologisches Museum untergebracht mit Mosaiken und Ausgrabungsfunden aus den frühchristlichen Basiliken Son Peretó und Sa Carrotxa bei Manacor. *An der Straße nach Calas de Mallorca, Di–Do 9–13 Uhr*

ÜBERNACHTEN

La Reserva Rotana   [132 B5]

Luxuriöses Fincahotel mit 40 Betten 4 km nördlich von Manacor mit eigenem 9-Loch-Golfplatz und Restaurant. *Camí de S'Avall, 3, Tel. 971 84 56 85, Fax 971 55 52 58, www.reservarotana.com, €€€*

Insider Tipp

Son Josep de Baix   [138 C1]

Nur 12 Apartmentbetten für naturbegeisterte Selbstverpfleger in einfachem, aber stilvollem Bauernhof mit Swimmingpool und eigener Minibucht. *Carretera Portocristo–Portocolom, Kilometer 8,4, Tel./Fax 971 65 04 72, €–€€*

ZIELE IN DER UMGEBUNG

Cales de Mallorca   [139 D1]

Zusammenschluss von etwa einem Dutzend kleiner, im Sommer voller Badebuchten mit 7500 Fremdenbetten in eng aufeinander folgenden, gesichtslosen Hotelstädten.

Jumaica-Bananera   [139 D1]

Die Anlage vermittelt einen Hauch von kanarischer Inselwelt mit Bananenplantage und Weihnachtssternen; In Bambushainen versteckte Ententeiche und Tiergehege gibt es hier zu entdecken, immer begleitet vom Gezeter frei fliegender Papageien. In der *Tropical Bar* frisch geerntete Bananen. Das Restaurant *Pep Nogueras* – sein Besitzer, dessen Namen es trägt, ist Kanarenfan – bietet Mallorquinisches *(€€)*. *Carretera Portocristo–Portocolom, Kilometer 4,5, 9–16.30/18 Uhr, Erwachsene 4,20 Euro, Kinder 2,40 Euro*

Portocristo   [133 D6]

Der kleine Ort (2400 Ew.), vormals Hafen von Manacor, ist für die meisten Touristen nur Durchgang zu den nahen Höhlen. Dabei ist das Städtchen selbst hübsch anzusehen mit seiner runden Hafenbucht und dem *torrent,* auf dem *llaüts* und Yachten dümpeln. Berühmt ist Portocristo für seine Tropfsteinhöhlen, die kleineren, weniger spektakulären *Coves dels Hams* 2 km außerhalb in Richtung Manacor *(tgl. 10.30–17.30 Uhr, Eintritt 9 Euro)* und die ★ *Coves del Drac* am Ortsrand, die erst 1896 erforscht wurden. Hier, auf dem größten unterirdischen See der Welt, findet ein kitschig-schönes Touristenspektakel statt: Über den erst stockdunklen, dann plötzlich beleuchteten See gleitet ein Boot mit Miniorchester, dessen Repertoire von der offenbachschen »Barcarole« bis zu »Solveigs Lied« reicht. Danach dürfen auch die Besucher ein Stückchen mit dem Boot fahren. Da die Höhlen sehr stark besucht werden, empfiehlt es sich, morgens frühzeitig zu kommen. *Sommers 10 bis 17 Uhr jede volle Stunde, winters 10.45, 12, 14 und 15.30 Uhr, Eintritt 9 Euro.* Hotel: *Felip,* direkt an der Hafenpromenade von Portocristo, in zwei Gebäuden mit 199 Betten, nur nach hinten ruhig *(Nov. bis Jan. geschl., Tel. 971 82 07 50, Fax*

971 82 05 94, €). Restaurant: *La Gamba d'Oro, ein kleines, edles Lokal mit mediterraner Küche; Tisch vorbestellen für abends (S'Illot, ab Portocristo Richtung Cala Millor, Mo geschl., Tel. 971 81 04 97, €€€)*

Portocristo Novo [139 D1]

Konglomerat aus mehreren ausgedehnten Hotelkomplexen an den Cales Mandía, Anguila, Romàntica und Estany, die untereinander verbunden sind. Renommierteste Anlage ist das 🏃 *Club Hotel Cala Mandía* mit 2000 Apartmentbetten und umfänglichem Sport- und Animationsprogramm für kontaktfreudige Familien *(Tel. 971 55 82 55, Fax 971 55 81 35, €€).*

Son Carrió [133 D5]

Das 900-Seelen-Dorf in lieblicher Hügellandschaft ist stolz auf das von Antoní Gaudí entworfene Rosettenfenster seiner Pfarrkirche Sant Miquel.

SANT LLORENÇ/ SON SEVERA

[133 D–E 4–5] Die beiden Gemeinden mit 4200 bzw. 8200 Ew. liegen zwischen Artà und Manacor in der Serra de Llevant und teilen sich die Küste zwischen dem Cap d'es Pinar und der Punta de Sa Roca. Beide Orte sind durch eine landschaftlich schöne Straße (PM-403) verbunden; ihre Einwohner arbeiten vorwiegend im Tourismus an der Küste. In der unvollendeten neugotischen Kirche von Son Servera finden im Hochsommer Folkloreveranstaltungen statt. Restaurant: *S'Era de Pula* mit regionalen und internationalen Gerichten *(an der Straße Richtung Capdepera, Mo, Aug. mittags und Jan.–März geschl., Tischreservierung nötig, Tel. 971 56 79 40, €€€).* Dazugehörend: *Pula Golf* mit 18 Loch und schönem Clubhaus (Greenfee 60

Still ruht der See, es blüht der Kitsch und das Geschäft: die Coves del Drac

Die MARCO POLO Bitte

Marco Polo war der erste Weltreisende. Er reiste in friedlicher Absicht, verband Ost und West. Er wollte die Welt entdecken, fremde Kulturen kennen lernen, nicht zerstören. Könnte er heute für uns Reisende nicht Vorbild sein? Aufgeschlossen und friedlich sollte unsere Haltung auf Reisen sein. Dazu gehören auch Respekt vor Mensch und Tier und die Bewahrung der Umwelt.

WWF

Euro) sowie das Landhotel *Cases de Pula* mit 20 Betten und Suiten *(€€€)*, 6 km von Son Servera entfernt.

ZIELE IN DER UMGEBUNG

Cala Bona/Cala Millor [133 E4–5]
Die beiden ineinander übergehenden Badeorte verbinden ein etwa 3 km langer, feinsandiger Strand und eine schöne Flaniermeile nur für Fußgänger, allerdings auch mit lückenloser Bebauung. In vorwiegend Drei- und Vier-Sterne-Hochhaushotels stehen insgesamt 18 000 Gästebetten zur Verfügung, die hauptsächlich von deutschen Gästen belegt werden. Der durchorganisierte Badebetrieb und viele sportliche Freizeiteinrichtungen lassen beide Orte als ungemein kinder- und familienfreundlich erscheinen. Zahlreiche 🏃 Bars, Restaurants und Diskos *(Bar Pacha, Q, Steffani's)* machen die Ecke im Sommer auch für junge Leute attraktiv. Hotel: 🏃 *Hostal Naval,* einfacher Familienbetrieb in dritter Reihe hinterm Strand *(Carrer Son Corp, 29, Tel. 971 58 58 19, Nov.–April geschl., €).* Beim Club Monte Safari liegt das *Super-Soccer-Trainingscamp.* Fünf Tage lang können Kids von 6 bis 18 Jahren in der von Rudi Völler

eingerichteten Fußballschule den richtigen Kick lernen; zwar nicht mit Völler persönlich, jedoch nach seiner Methode und mit von ihm ausgebildeten Lehrern *(zu buchen für ca. 180 Euro über NUR).*

Sa Coma/S'Illot [133 E5–6]
Nur durch die naturbelassene Felsnase Punta de n'Amer von Cala Millor getrennt, schließt sich der etwa 1 km lange, herrlich weiße Sandstrand von Sa Coma mit verkehrsfreier Promenade an. Das Hinterland ist zugebaut mit riesigen Hotel- und Apartmentanlagen. Nahtlos geht Sa Coma in die kleine, ältere Siedlung S'Illot über, die etwas heruntergekommen wirkt, aber vielleicht gerade deshalb stiller ist als die betriebsameren Nachbarsiedlungen.

Sa Costa des Pins [133 E–F4]
Die vornehme, pinienbegrünte Villensiedlung hat im *Eurotel Punta Rotja* das passende Hotel mit 460 Betten sowie Einrichtungen zu Wellness und Thalassotherapie *(Tel. 971 84 00 00, Fax 971 84 01 15, €€€)* und angeschlossenem Golfclub mit 9-Loch-Platz, Greenfee 47 Euro. Etwas südlich liegt der kaum bebaute Sandstrand der *Platja d'es Ribell.*

Insider Tipp

Salzbergweiß, Piniengrün und Meertürkis

Fast karibisch schön sind die Strände und Buchten, wo die Insel am heißesten ist

Flach und weit und trocken ist Mallorcas Süden. Und heiß. Die Landstädtchen Llucmajor und Campos teilen das flache Land unter sich auf, Santanyí im Südosten hat mit seinem Gemeindegebiet noch Anteil an den Ausläufern der lieblichen Hügellandschaft der Serra de Llevant. Auch zählen die schönsten der über 200 kleinen *calas* der Ost-/Südostküste zu dieser Gemeinde im *mitjorn* (Süden). Das Landesinnere südlich der drei genannten Orte wirkt auf den ersten Blick monoton, setzt jedoch mit seinen zahlreichen ockerfarbenen Bauerngehöften und Weilern, seinen Salzseen in Grau, Blau oder Rosa und seinen gleißend weißen Salzbergen reizvolle Kontraste. Das Meer ist hier naturgemäß am wärmsten. Trotzdem sterben die Küstenorte im Winterhalbjahr nahezu aus. In den Sommermonaten fliehen viele Palmesaner vor der Stadthitze an die Strände von S'Estanyol, Sa Ràpita und Colònia de Sant Jordi. Mit ihrem grünen Piniengürtel, ihrem herrlich weißen Dünensand und

Badefreuden am Strand Es Trenc

dem Türkis des flachen Meeres sind sie von fast karibischer Schönheit. Und die Krönung ist der immer sichtbare Archipel von Cabrera vor der Südküste.

CAMPOS

[137 E–F3] Auf die 6700 Ew. des Landstädtchens kommen etwa 8000 Kühe. Campos ist mit intensiver Vieh- und Milchwirtschaft eine der Agrarhochburgen der Insel. Normalerweise wirkt der Ort mit seinen schnurgeraden Häuserzeilen und Straßenzügen eher verschlafen, doch an den Markttagen donnerstags und samstags wird er lebendiger. Inselweit berühmt für seine *panades* (mit Fleisch oder Fisch gefüllte Teigtaschen) ist das *Pomar* an der Hauptstraße. Campos soll schon in römischen Zeiten existiert haben, der südlich gelegene Weiler Es Palmer gar Kern des römischen Palma gewesen sein. Im Zentrum weisen Wappen und Jahreszahlen auf die Entstehung der Häuser im 17. Jh. hin. In der Pfarrkirche Santa Julia beeindruckt der Santo Cristo *Insider Tipp* de la Paciencia, ein Gemälde des Sevillaners Murillo (1618–82); in der *rectoría* gegenüber erhält man den Schlüssel. Die Straße zu den zur Gemeinde gehörenden Salinen und zu den Stränden an der Südküste flankieren Felder, auf denen *alfalfa* (Luzerne) und *taperes* (Kapern) angebaut werden. Hotels: *Finca Es Figueral,* Bauernhof mitten im Land mit 4 Apartments, dazu gibt es Marías Hausfrauenkost *(4 km in Richtung Santanyí, Tel. 971 18 10 23, €€)*; *Son Bernadinet,* geschmackvoll restauriertes 200-jähriges Landgut, nun Landhotel mit 22 Betten, Pool und Garten *(Carretera Campos–Porreres, Kilometer 5,9, Tel. 971 18 16 50, Fax 971 18 60 43, €€€)*. Das Restaurant *Es Plàde Campos* bietet eine feine Regionalküche in familiärem Rahmen *(Carrer Petra, 10, Di geschl., Tischbestellung ratsam, Tel. 971 65 11 10, €)*.

ZIELE IN DER UMGEBUNG

Banys de Sant Joan   [137 E4]
Mallorcas einzige Thermalquelle mit 38 Grad heißem Wasser sollen schon die Römer genutzt haben. Leider ist sie im Winter, wenn man sie am notwendigsten brauchte, geschlossen. Ein deutsches Konsortium plant hier eine aufwändige Kuranlage. *8,5 km südlich von Campos, Tel. 971 65 50 16, €*

Colònia de Sant Jordi   [137 E5]
Der einstige Fischerort (800 Ew.) und ehemalige Hafen von Campos, heute zur Gemeinde Ses Salines gehörend, hat sich zu einem Touristenzentrum für schweizerische und deutsche Gäste gemausert. Während in den Gründerjahren eher wild drauflosgebaut wurde, versucht man jetzt – mit sichtbarem Erfolg – Struktur in die Siedlung zu bringen. Der hübsche Hafen ist Ausgangspunkt für Schiffsausflüge nach ★ Cabrera, dem naturgeschützten Archipel in Sichtweite mit Burg und endemischen Pflanzen- und Tierarten *(sommers tgl. 9.30, So auch 8.45 Uhr, Tel. 971 64 90 34; die ganztägige Exkursion für 23,50 (Kinder 11,50) Euro schließt das Baden in der Cova Blava, der Blauen Grotte, und die Burgführung ein)*. Der nahe Hafenstrand *Es Dolç* ist per Auto, die weiter südostwärts gelegenen Traumstrände *Es Carbó, Ses Roquetes* und *Es Caragol* sind nur zu Fuß erreichbar.

Es Trenc   [137 E5]
Der zu Campos gehörende Strand Es Trenc ist ein rund 6 km langer, schneeweißer, durch die Initiative des GOB unbebaut gebliebener Dünenstrand mit Restaurant und großem Parkplatz *(4,50 Euro)*, an dem FKK geduldet wird und der im Hochsommer sehr voll ist (etwa 11 km von Campos). Nach Westen schließt sich die ungefähr 3 km lange *Platja de la Ràpita* an, die nicht so bebaut und besucht ist wie Es Trenc. Restaurant: *Can Pep* mit feinsten Fischgerichten *(Mo abends geschl., Tel. 971 64 01 02, €€€)*. Wo im Westen von Colònia de Sant Jordi Es Trenc beginnt, endet die nicht gerade sehr fotogene Hotelzone. Im Sommer verbindet der Colònia Express die Ortsteile. Sportmöglichkeiten: Tauchschule *Blaumari (Tel. 971 65 61 57)*; Reitschule *El Rancho* in der Hotelzone *(Tel. 971 65 50 55)*; Segel- und Surfschule am Strand Es Trenc.

Hotels: *Es Turó,* Pension am Ortsrand mit schöner Restaurantterrasse zum Hafen und 34 Betten *(Tel./Fax 971 65 50 57, €); Don León* mit 239 Betten an der Klippenküste, ungefähr 600 m von Es Trenc, unter Schweizer Leitung *(Tel. 971 65 55 61, Fax 971 65 55 66, €€€).*

Salines de Llevant [137 E4–5]
★ 8000 t Tafelsalz werden jährlich in diesem 130 ha großen Privatgebiet gewonnen. Es ist Teil des Feuchtgebiets *Es Solobrar* vor der Platja d'Es Trenc. In dem streng geschützten Biotop sind an die 170 Vogelarten zu Hause. *9 km südlich von Campos*

LLUCMAJOR

[136–137 C–D2] Die viertgrößte Stadt Mallorcas (20 500 Ew.) ist in die Inselgeschichte eingegangen als der Ort, wo 1349 der letzte mallorquinische König, Jaume III., von den Truppen seines Vetters Pedro IV. von Aragonien getötet und das Ende des unabhängigen Königreiches Mallorca besiegelt wurde. Ein Denkmal auf der Plaça Espanya erinnert daran. Ein zweites in der Nähe *(Carrer Bisbe Taxaqet)* rühmt das wichtigste Handwerk der Stadt, die Schuhmacherei. Die qualitativ guten Produkte sind für den Export bestimmt. Mittwochs, freitags und sonntags zeigt der Gemüsemarkt auf dem hübschen, von Jugendstilgebäuden gesäumten Hauptplatz, wovon die Bewohner sonst noch leben. Besonders an Markttagen lohnt sich die Einkehr in die umliegenden, im Einzelfall traditionsreichen Bars (gute *tapas* gibt es in der einfachen *Bar Mundial*). Ansonsten lebt die Bevölkerung von der Landwirtschaft (Aprikosen, Mandeln) und vom Tourismus an vier zur Gemeinde zählenden Stränden. 3,5 km entfernt liegt der 18-Loch-Golfplatz *Son Antem* mit der größ-

MARCO POLO Highlights
»Der Süden«

★ **Salines de Llevant**
Weiße Salzberge und pastellfarbene Salzseen
(Seite 61)

★ **Capocorb Vell**
Eindrucksvolle Reste vom Leben vor 3500 Jahren
(Seite 62)

★ **Botanicactus**
Oase und Wüste in einem Kakteen- und Palmengarten
(Seite 65)

★ **Cala/Parc Natural Mondragó**
Smaragdgrüne Badebuchten mit naturgeschütztem Hinterland (Seite 64)

★ **Cala Figuera**
Fischerhafenromantik und viele Feriengäste
(Seite 63)

★ **Cabrera**
Zweistündige Bootsfahrt zu dem naturgeschützten Archipel (Seite 60)

ten Driving Range der Insel. Ein zweiter, nicht öffentlicher 18-Loch-Platz gehört zum Luxushotel *Mallorca Marriott Golf Resort & Spa* mit 316 Betten, 3 Swimmingpools, Thermalbädern, Wellness- und Fitnessangeboten und Beautyfarm *(Carretera Llucmajor, Kilometer 3,4 Tel. 971 12 91 00, Fax 971 12 91 01, www.marriott.com, €€€)*. Urlaub auf dem Bauernhof in ursprünglichster Form (nur 4 Betten) können Sie machen im *Son Galileu*, auf Anfrage auch mit Hausmannskost von der Wirtin, *6 km südlich von Llucmajor, Tel. 971 18 00 29, €)*.

ZIELE IN DER UMGEBUNG

Cala Blava　　　　　**[136 A2]**
Villensiedlung südlich von S'Arenal mit kleiner Klippenbucht und Badeplätzen. Das Sporthotel *Delta, Tel. 971 74 10 00, €€,* ist ganz und gar auf Radler eingestellt.

Cala Pi　　　　　**[136 C4]**
Die Steilküste um das Kap Blanc herum erfährt mit der Cala Pi einen tiefen Einschnitt, der in einen feinsandigen Strand ausläuft. Geradezu idyllisch ist es hier in der Nebensaison, sehr belebt hingegen im Hochsommer. Empfehlenswert ist das Restaurant *Miguel (€€)* in der Siedlung oberhalb der Bucht.

S'Estanyol　　　　　**[137 D4]**
Ein kleiner Sandstrand gehört zu dieser Sommerhaus- und Wochenendsiedlung mit altmodischem Yachthafen.

Capocorb Vell　　　　　**[136 C4]**
★ Die wohl am besten erhaltene talayotische Siedlung Mallorcas

geht bis in die Zeit um 1400 v. Chr. zurück. Imposant sind die Ruine eines mehrstöckigen, quadratischen *talaiot* und die Vielzahl erhaltener Grundmauern dieser Wohn- und Wehranlage aus riesigen Steinquadern. *12 km südlich von Llucmajor, Fr–Mi, Eintritt 1,80 Euro*

Santanyí

[138 A4–5] Erstaunlich untouristisch ist diese fast verschlafen wirkende Kleinstadt (10 000 Ew.), zu deren ausgedehntem Gemeindegebiet die stillen Dörfer S'Alquería Blanca und Calonge zählen, aber auch die quirligen Badeorte Cala d'Or, Portopetro, Cala Figuera und Cala Santanyí. Für die meisten

Der Badestrand an der Cala Pi wird außerhalb der Saison wenig besucht

Touristen ist Santanyí Durchgangsort auf dem Weg zur Badebucht oder zum Zweitwohnsitz. Dabei lohnt das homogene Ortsbild mit seinen goldgelben Sandsteinhäusern einen Bummel. Von hier kommt der berühmte *marès* (Sandstein), aus dem viele Paläste und die Kathedrale in Palma gebaut wurden. In der wuchtigen Wehrkirche Sant Andreu (18. Jh.) ist eine der schönsten historischen Orgeln Mallorcas (von Meister Jordi Bosch) zu sehen und in den alljährlichen Orgelwochen zu hören; Schlüssel gegenüber in der *rectoría.* Letztes Überbleibsel der einstigen Wehranlagen zum Schutz vor Piratenangriffen ist das Stadttor Porta Murada am Ortsausgang Richtung Palma.

ESSEN & TRINKEN

Sa Bona Taula   [138 B3–4]
Einfaches auf rustikalem Tisch in Calonge, gegenüber der Kirche. *Nur abends, ab 19.30 Uhr, Di geschl., Tel. 971 16 71 47, €*

Es Clos   [138 B4]
Romantisches Gartenlokal am Ortsrand von S'Alquería Blanca, internationale Küche. *Ab 19.30 Uhr, Mo geschl., Tischreservierung, Tel. 971 65 34 04, €€–€€€*

ZIELE IN DER UMGEBUNG

Cala d'Or/Portopetro [136 B–C4]
Zwei fast zusammengewachsene Ferienorte im ibizenkischen Stil mit weiß gekalkten, blumenumrankten Häusern. Während Cala d'Or eine perfekte touristische Infrastruktur aufweist, hat sich das Hafendorf Portopetro noch ein Stück Gelassenheit bewahrt. Es kann mit einem hübschen Fischer- und Yachthafen aufwarten, nicht jedoch mit Stränden. Von denen hat Cala d'Or gleich ein halbes Dutzend, die indes, weil allesamt klein, im Hochsommer qualvoll eng werden können. Hotels: *RIU Cala Esmeralda,* direkt an der gleichnamigen Bucht, gediegenes Ambiente *(Tel. 971 16 51 11, Fax 971 65 71 56, €€); Rocador* mit 212 Betten, oberhalb der Cala Gran *(Tel. 971 65 70 75, Fax 971 65 77 51, €); Nereida,* 90-Betten-Pension nahe dem Hafen von Portopetro *(Tel. 971 65 72 23, Fax 971 65 92 35, €).* Restaurant: La Scala mit einfacher, lobenswerter italienischer Küche, *Urb. Port Petit, 211, Tel. 971 64 33 25, €;* Reiten: *Club Hípico Cala d'Or (Tel. 971 65 70 04).* Golf: *Vall d'Or,* 18-Loch-Platz, Greenfee 56 Euro *(Straße nach Portocolom, Kilometer 7,7, Tel. 971 83 70 68).* Tauchen: *La Morena Diving Center (Cala Gran).* Am Abend: Mehrere Diskos und Musikbars im Bereich der Flanierzone; gleich am Ortsanfang die Disko *Scarabeu* (früher *Farah's*).

Cala Figuera   [138 B5]
★ Der kleine Ferien- und Fischerort mit Mallorcas romantischstem Hafen hat keinen Strand, es sind jedoch Bootsfahrten zu nahen Sandbuchten möglich. Hotels: *Cala Figuera,* kein schöner Bau, aber ordentlich ausgestattet, 200 Betten *(Tel. 971 64 52 51, €); Villa Serena,* toll gelegen, 90 Betten, auch Apartments *(Tel. 971 64 53 03, Fax 971 64 51 06, €).* Sport: Tauchschule *Albatros,* am Hafen, deutsche Leitung *(Tel. 971 64 53 00).* Am Abend: *Mond-Bar,* ein Oldie, aber immer wieder »in«, und wei-

tere Musikkneipen im *Carrer Pintor Bernareggi*.

Cala/Parc Natural Mondragó [138 B4–5]

★ Aufgrund einer Initiative des GOB unter Naturschutz gestellte feinsandige, türkisblaue Doppelbucht ohne Bebauung (außer einem Hotel), Informationszentrum für den Naturpark. Weniger voll: die Cala S'Amarador, die von Santanyí anzufahren und später nur zu Fuß erreichbar ist (ausgeschildert).

Cala Llombarts [138 A5]

Diese etwas breiter geratene der fjordähnlichen Buchten ist nicht so stark besucht; eine Bebauung direkt am Strand gibt es nicht.

Cala de Sa Comuna/ Cala S'Amunia [138 A5]

Insider Tipp

Ein Fußweg (etwa 20 Min.) verbindet diese beiden vollkommen abge-schiedenen Naturbuchten 9 km südwestlich von Santanyí. Bar jeder Infrastruktur, sind sie vielleicht die letzten vom Land aus zugänglichen Strandparadiese an Mallorcas Ostküste.

Cala Santanyí [138 B5]

Hübsche, weißsandige Badebucht 3,5 km südlich von Santanyí, gesäumt von einigen Hotels und Sommerhäusern; wird vor allem von Familien besucht. Hotel: *Palmaria*, einfaches, sauberes 42-Betten-Haus unter Schweizer Leitung mit Blick zur Bucht *(Tel. 971 64 54 10, Fax 971 64 54 39, €)*.

Oratori de la Consolació [138 B4]

Auf dem Puig Gros am Südende der Serra de Llevant, ungefähr 4 km nordöstlich von Santanyí, erhebt sich ein Kirchlein aus dem 16. Jh., das die »Regenmacherin«

Strandbars sind willkommene Treffpunkte für Leute, die gesehen werden wollen.

Eine Insellegende

Ganz Genaues weiß man nicht von einer der schillerndsten Inselfiguren

Er wurde 1880 im Dorf Santa Margalida als Sohn eines Schweinehirten geboren. 1962 starb er als einer der zehn reichsten Männer der Welt bei einem Verkehrsunfall in seinem Rolls Royce: Joan March, über den bis heute so mancher Insulaner nur im Flüsterton spricht. Mit Zigarettenschmuggel, Landverkauf und Gründung der Banca March (heute in jedem Inselort vertreten) begann dieser Mann seine Macht-und-Geld-Karriere. Skrupelloser Waffenhandel für Franco und Kollaboration zu Gunsten der Deutschen im Zweiten Weltkrieg folgten, sogar ein Gefängnisaufenthalt, dem er nach einem Jahr durch Flucht mitsamt bestochenem Aufsichtspersonal nach Gibraltar entkam. Noch heute besitzen seine Nachkommen immens viel Land auf Mallorca. Wie eine Art Wiedergutmachung mutet die Fundació March an, eine Stiftung zur Unterstützung von Künstlern, die Joan March noch selbst ins Leben rief und die bis heute großen Einfluss auf das Kulturleben der Insel hat. Auch stiftete March ein Krankenhaus und eine umfangreiche Bibliothek, die in seinem Stadtpalast in Palma untergebracht ist. Seine Biografien ließen er und später seine Familie vernichten.

birgt, die Mare de Déu de la Consolació. Von der ☀ Kirchenterrasse hat man einen prächtigen Weitblick bis zum Meer.

Ses Salines [137 F5]

Bis zum Ende des 19. Jhs. gehörte das schmucklose Dorf (3000 Ew.) noch zur Gemeinde Santanyí. Deshalb wurde die überdimensional große Pfarrkirche Sant Bartomeu erst 1894 errichtet. Heute profitiert der Ort, der früher mehr landwirtschaftlich geprägt war, vom »Gold« seiner feinsandigen Strände und seiner Feriensiedlung Colònia de Sant Jordi.

Mit seinen über 400 Kakteenarten aus aller Welt und einem ausgedehnten Mittelmeerbiotop rühmt sich die 150 000 m² große Anlage ★ *Botanicactus*, Europas größter botanischer Garten zu sein *(Ortsausgang in Richtung Santanyí, winters 9–17, sommers 9–19.30 Uhr; Erwachsene 6 Euro, Kinder 3,60 Euro, Tel. 971 64 94 94)*. Übernachten können Sie im Hotel *Es Turó*, einem fast zu einem Museum hergerichteten Landhotel mit 20 Betten in einer alten Finca am Ortsrand *(Tel. 971 64 95 31, €€)*. Im Restaurant *Casa Manolo* steht inzwischen Manolos Sohn am Fischgrill der winzigen Küche. Das urige, auf *tapas* sowie frische Fische und Meeresfrüchte spezialisierte Lokal liegt gleich neben der Kirche *(Mo geschl., Tischbestellung erforderlich, Tel. 971 64 91 30, € –€€)*.

Insider Tipp

Fruchtbare Ebene und sanfte Hügel

Abseits der großen Touristenströme wird hier mallorquinischer Alltag gelebt

Es Plá, die Ebene, heißt das Inselinnere. Vom Run an die Strände verschont geblieben, dösten die Dörfer in der Inselmitte lange vor sich hin. Vor allem junge Mallorquiner verließen infolge des Tourismusbooms die Höfe ihrer Eltern, um an der Küste schneller und »sauberer« ihr Geld zu verdienen. Landflucht bestimmt heute die stark landwirtschaftlich geprägte Region, die seit alters zu den bevölkerungsreichsten Gegenden der Insel zählte. Die einstige »Kornkammer Mallorcas« geriet mit Beginn der 1970er-Jahre in eine Krise, der man mit neuen Anbaumethoden und der Rückbesinnung auf traditionelle Erwerbszweige, beispielsweise den Weinanbau und das Handwerk, begegnet. Und selbstverständlich mit Subventionen aus Mitteln der EU. Für einige Landwirte heißen seit Ende der 1980er-Jahre die Zauberwörter *agroturisme* und *turismo rural.* So wurde schon manch ein Bauer nebenbei zum »Hotelier«. Oder er verkaufte ein Stück Land an ausländische Häuslebauer mit Sehnsucht nach rustikalem Leben. Die leicht hügelige

Windmühlen in der Ebene Es Plá im Inselinnern

Landschaft mit ihrer charakteristischen fahlgelben Erde wird durchkreuzt von unendlich vielen schmalen, oft noch von Trockenmauern gerahmten Asphaltstraßen, die nur selten stark befahren und deshalb für Radfahrer und gemütlichem Tempo zugeneigte Autofahrer bestens geeignet sind. Alle Dörfer und Weiler sind gut miteinander verbunden; die meisten erheben sich auf Hügeln mit wehrhaften Kirch- und Mühltürmen. Ausgediente Brunnen und Waschhäuser, schöne Wegkreuze und Pfarrhäuser gilt es ebenso zu entdecken wie Kapellen, Einsiedeleien und Klöster als Stätten der Marienverehrung. Die C-715 von Palma nach Manacor ist zwar stark befahren, könnte mit ihren lohnenden Ausflugszielen bei den Orten Algaida, Montuïri und Vilafranca jedoch fast als Ferienstraße bezeichnet werden.

Insider Tipp

ALGAIDA

[131 D5–6] Einheimische wie Touristen nehmen von der größten Gemeinde des Plá (3500 Ew.) vor allem die vielen Restaurants an der C-715 wahr, denn Algaida gilt als »Fressstädtchen«. Die Lokale mit

Glasbläserwerkstatt in Algaida

guter mallorquinischer Küche setzen die Tradition der Einkehr aus Postkutschenzeiten fort. Der eigentliche, um die *plaça* herum gebaute Ort ist eher schlicht. *Vidrios Gordiola* heißt die älteste Glasbläserei der Insel (seit 1719) mit kleinem Glasmuseum; sie liegt am westlichen Ortsausgang, an der C-715 *(tgl. außer So 9–14 und 15 bis 19.30 Uhr)*.

ESSEN & TRINKEN

Cal Dimoni
Riesengroß und rustikal, ein Oldie unter den Lokalen Algaidas. *An der C-715, Kilometer 21, Mi geschl., Tel. 971 66 50 35, €€*

Hostal d'Algaida
Gemütliche Mischung aus Restaurant und Laden mit eigenen Produkten. Regionale Küche in gepflegtem Ambiente. *C-715, Kilometer 21, Tel. 971 66 51 09, €€*

ÜBERNACHTEN

Apartaments Rurals Raims
Herrenhaus mit malerischem Patio und Pool, einer Suite und drei Apartments am Ortsrand. *Carrer Ribera, 21, Tel. 971 66 51 57, Fax 971 66 57 99, www.raims.es, €€*

ZIELE IN DER UMGEBUNG

Oratori de Castellitx de la Pau [131 D6]
Eine der ältesten *ermita*-Kirchen der Insel (13. Jh.), die jetzt restauriert und wieder zugänglich gemacht werden soll. Die sanfte Friedensmadonna, die hier am Osterdienstag mit einer Wallfahrt bedacht wird, steht sonst in der wuchtigen Pfarrkirche von Algaida und ist dort nur bei Messen *(tgl. 20 Uhr)* zu bewundern.

Puig de Randa [131 D6]
★ Mallorcas einziger Tafelberg ist mit 542 m die höchste Erhebung des Plá. Das am Fuß des Bergs gelegene Dorf *Randa* (200 Ew.) lohnt einen Spaziergang über Kopfsteinpflaster, vorbei am alten Waschhaus und an Gärten. Oberhalb von Randa führt die Bergstraße zunächst zum *Santuari de Nostra Senyora de Gràcia,* dem untersten von drei Klöstern. Die verlassene Einsiedelei aus dem 15. Jh., die wie ein Schwalbennest in einer mächtigen Felshöhle klebt, ist der romantischste Ort des Puig mit weitem Blick über die Ebene von Llucmajor bis zum Archipel von Cabrera. Gut 1 km bergauf liegt das *Santuari de Sant Honorat,* Ende des 14. Jhs. gegründet und noch heute von Mönchen bewohnt. Zugänglich ist nur die Kapelle aus dem 17. Jh. Radarmasten auf der Bergkuppe trüben zunächst das große Aha-Erlebnis der Gipfelstürmer. Sie werden jedoch entschädigt durch einen tollen Weitblick von der Terrasse des *Santuari de Nostra Senyora de Cura* auf der Bergspitze. Es ist das kulturgeschichtlich bedeutendste der drei Klöster, zog sich doch 1263 Ramón

Llull hierher zurück, nachdem er sein genusssüchtiges Leben am mallorquinischen Königshof aufgegeben hatte. Llull schrieb an die 250 Werke, die meisten in katalanischer Sprache, die er damit zur Literatursprache erhob, forschte, lehrte und missionierte in aller Welt. Er starb 1316 und liegt in der Klosterkirche Sant Francesc in Palma begraben. Im Grammatiksaal der alten Schule von Cura auf dem Berg ist ein *Llull-Museum* untergebracht *(tgl. außer Mo 10–13.30 und 15.30–18 Uhr)*. Übernachten und Essen: einfach in den ehemaligen Klosterzellen *(Tel. 971 12 02 60, €)*, komfortabel in dem 30-Betten-Hostal *Es Recó de Randa* am Fuß des Bergs mit Traumblick von der ☜ Terrasse und guten *menús degustaciós* *(Tel. 971 66 09 97, Fax 971 66 25 58, esreco@fehm.es, €€€)*.

nsider iPP

MONTUÏRI

[131 E5–6] Aus allen Richtungen hübsch anzusehen ist das lang gestreckte Hügeldorf (2200 Ew.) mit seiner mächtigen Pfarrkirche und 19 Mühlentürmen, die von jahr-hundertelanger landwirtschaftlicher Tradition zeugen. Heute hat der Ort seiner Tierzucht wegen Bedeutung. Außerdem verlegte 1995 die berühmte Perlenfabrik *Perlas Orquídeas* ihren Standort von Manacor hierher. Ein Spaziergang im Bereich der *plaça* (montags Wochenmarkt, 1. Septembersonntag *Fira de sa Perdiu,* Landwirtschaftsmesse rund um das Rebhuhn) führt vorbei an gut erhaltenen Hausfassaden, Brunnen, Wegkreuzen und Mühlen sowie an der ausladenden Freitreppe vor der Pfarrkirche *Sant Bartomeu* aus dem 16./18. Jh. Sie ist der Mittelpunkt der Feierlichkeiten beim Patronatsfest am 23./24. August, wenn die *cossiers* tanzen.

ESSEN & TRINKEN

Puig de Sant Miquel
Bergrestaurant mit Weitblick und frischer Regionalküche. Köstlich: das *frito* von Gemüse. *Auffahrt von der Carretera de Manacor, Kilometer 31, Tel./Fax 971 64 63 14, €€*

Son Bascós
Der großen Wachtel- und Rebhuhnfarm wurde ein kleines, einfaches

---

MARCO POLO Highlights »Die Inselmitte«

★ **Tiermarkt in Sineu**
Mittwoch-Einkehr in alten Weinkellergewölben
(Seite 73)

★ **Puig de Randa**
Mußestunde mit Traumblick von Mallorcas einzigem Tafelberg (Seite 68)

★ **Ermita de Bonany**
Annäherung an eine bäuerliche Madonna und Fernblick aufs Inselherz (Seite 72)

★ **Els Calderés**
Gründlicher Einblick für Jung und Alt in das Gutsherrenleben von einst (Seite 70)

Raimundus Lullus

»Liebe macht Unabhängige zu Dienern und schenkt Sklaven die Freiheit«

Kein Inseldorf ohne eine Straße mit dem Namen Ramón Llull. Der um 1232 geborene Sohn eines mallorquinischen Edelmanns wurde im Alter von 30 Jahren durch eine Vision bekehrt und lebte fortan als franziskanischer Eremit und Gelehrter. Bei Valldemossa gründete er eine Priester- und Missionsschule und eine Schule für orientalische Sprachen. Sein Ideal vom Verständnis verschiedener Glaubensrichtungen von Christen, Muslimen, Juden und Heiden füreinander stieß in damaliger Zeit auf starken Widerstand. Mehr als den Missionar verehren Mallorquiner jedoch in ihm den Autor literarischer Prosa in katalanischer Sprache.

Grilllokal angegliedert. Hier isst man Wachteleier als Vorspeise, danach gibt es gegrillte *guàtleres* und *perdius. Für gewöhnlich erst abends, Sa/So auch mittags geöffnet, besser rufen Sie vorher an, Tel. 971 64 61 70, €*

ZIELE IN DER UMGEBUNG

Els Calderés [131 F5]

★ Das festungsartige Herrenhaus, erbaut um 1700, mit Hauskapelle, Weinkeller, Stallungen, Gesindekammern und noblen Salons, vermittelt einen guten Eindruck vom einstigen Feudalleben. *Bei Sant Joan an der C-715, Kilometer 37, ausgeschildert, tgl. 10–18 Uhr, Erwachsene 6 Euro, Kinder 3 Euro, Tel. 971 52 60 69*

Porreres [137 E–F1]

Neue, breite Zufahrtsstraßen haben die kleine Stadt (4300 Ew.) bequemer erreichbar gemacht. Besonders am dienstäglichen Markttag lohnt sich ein Besuch. Nur dann *(10.30 bis 12.30 Uhr)* ist nämlich im Rathaus *(Casa de Vila)* eine bemerkenswerte Ausstellung von 280 Objekten zeitgenössischer Kunst zu betrachten (darunter zwei Dalís), die auf eine private Sammlung zurückgeht. Eindrucksvoll sind auch Fensterrose und Glockenturm der Pfarrkirche am Marktplatz. Gleich daneben liegt das *Centre,* einst Theater, heute rustikales Restaurant mit bodenständiger Kost, €. Hotel: *Sa Bassa Rotja,* Landhotelanlage mit 47 Betten, 2 Pools, Beautyfarm und Restaurant außerhalb des Orts *(Camino Sa Pedrera, Tel./Fax 971 16 82 25, sabassa@baleares. com, €€–€€€).* Der nahe Klosterberg [137 E2] mit dem fünfeckigen Kreuzgang des *Santuari de Monti-Sion* ist wegen des Weitblicks einen Abstecher wert. Spartanische Unterkunft in ehemaligen Zellen *(Tel. 971 64 71 85, €)*

Vilafranca de Bonany [132 A5]

Der nicht sonderlich schöne Ort (2200 Ew.), durch den die C-715 führt, bietet an der Durchgangsstraße (noch) ein lohnendes Foto- und Kaufmotiv: hier finden Sie ein halbes Dutzend Obststände, die üppig und dekorativ berankt sind mit Zöpfen von Tomaten, Knoblauch und Paprika. Entstanden ist die hübsche Straßenszene Ende der 1950er-Jahre, als man mit dem Direktverkauf von Melonen begann. Interessant sind auch die umliegenden Ziegelbrennereien mit rußgeschwärzten Kaminen; neben dem Melonenanbau ist die Backsteinherstellung das wichtigste Gewerbe des Dorfs.

PETRA

[132 A4–5] Die Gassen dieses verschlafenen Dorfs (2700 Ew.) wurden unter Jaume I. schachbrettartig angelegt und erlauben eine leichte Orientierung. Petra, dessen Name (»Stein«) auf den Sandsteinabbau seit Römerzeiten zurückgeführt werden kann, wartet mit einer angesehenen *Bodega* auf *(Miquel Oliver, Carrer Font, 26)* und steht darüberhinaus ganz im Zeichen seines berühmtesten Sohnes, Frau Juníper Serra, Franziskanermönch und Missionar. Ab 1769 gründete er in Kalifornien 21 Missionsstationen, aus denen sich Millionenstädte wie San Francisco und Los Angeles entwickelten. An den später selig gesprochenen Geistlichen erinnern sein Geburtshaus, ein Museum, das Taufbecken und ein Porträt in der Kirche, das Denkmal vor dem Kloster Sant Bernardí, in dem er erzogen wurde, und Kachelbilder mit Szenen seines Lebens und Wirkens im Carrer Frau Juníper Serra.

Stickerin in Vilafranca de Bonany

MUSEUM

Casa Natal i Museu Juníper Serra Geburtshaus und Museum erzählen vom Leben des Missionars (1713–84). *Ecke Carrer Barracar/Carrer Frau Juníper Serra, auf Anmeldung, Tel. 971 56 11 49, Schlüssel im Haus Carrer Miguel de Petra, 2, rechts vom Museum, kein Eintritt, Spende üblich*

ESSEN & TRINKEN

Es Celler Uriges Kellerlokal mit Hausmannskost. *Carrer L'Hospital, 46, Mi geschl., Tel. 971 56 10 56,* €

ÜBERNACHTEN

Sa Plaça Petra Das winziges Dorfhotel hat nur 6 Betten, bietet aber viel Komfort. Restaurant mit kleiner, feiner Karte. *Plaça Ramón Llull, 4, Tel./Fax 971 56 16 46,* €€

ZIELE IN DER UMGEBUNG

Ariany [132 A4] Erst 1982 wurde das 2,5 km nördlich gelegene 920-Seelen-Nachbardorf von Petra unabhängig. Sein Mittelpunkt ist die Kirche. Ihr verträumter, blühender ⚘ Vorgarten mit Weitblick ist des Verweilens wert. Das Restaurant *Ses Torres* ist ein Fernfahrer- und Ausflugslokal, in dem Sie gute *tapas* und ein preiswertes Menü bekommen können. Es liegt *am Verteilerkreisel vor Ariany, €*.

Ermita de Bonany [132 A5]

⭐ ⚘ Der bäuerlich-pausbäckigen *Insider Tipp* Madonna aus dem 8. Jh. und des tollen Weitblicks wegen lohnt sich der Abstecher zum Kloster Bonany, das seinen Namen (»Gutes Jahr«) von den Leuten in Petra nach einer Dürreperiode erhielt. Kachelbilder am Klostereingang erinnern an den lang ersehnten Regen und an eine reiche Ernte, die die Madonna auf dem Berg spendete. In vier der ehemaligen Klosterzellen kann man spartanisch übernachten *(Tel. 971 56 11 01, €)*.

Sencelles

[131 D4] Den Charme der Region im Westen des Plá machen die vielen Weiler rund um Sencelles aus, alle gut restauriert und hübsch anzusehen. Das reizende *Biniali* ist von Weinfeldern umgeben und zum Wochenend- und Zweitwohnsitz geworden. Im Fincahotel *Insider Tipp* Sa Torre im 2 km entfernten Weiler *Ses Alqueríes* bieten die freundlichen Besitzer in ihrem 300 Jahre alten Landgut mit neueren Anbauten Apartments mit und ohne Selbstbewirtschaftung an *(Tel. 971 62 10 11, €€)*. Der aus 30 fast ausnahmslos gut wieder hergestellten Häusern bestehende Weiler *Ruberts* (50 Ew.), 5 km südöstlich von Sencelles, hat romantische Winkel. Berühmt wurde das 800-Seelen-Dorf *Costitx* durch drei bronzene Stierköpfe aus talayotischer Zeit, die man 1894 auf dem nahen Landgut Son Corró fand. Die Originale befinden sich in Madrid, Kopien sind im Museu de Ciències im Casal de Cultura ausgestellt, zusammen mit 4500 ausgestopften Tieren der balearischen und iberischen Fauna; Informationen auch in Deutsch *(am Ortseingang von Sencelles her, Di–Fr 9–13 Uhr, Tel. 971 87 60 70, Eintritt 1,80 Euro)*. Seit 1991 existiert bei Costitx das einzige Observatorium der Balearen mit astronomischem Zentrum; es dient Forschungszwecken und bietet Laienkurse in Spanisch an *(Anmeldung für Besichtigungen Tel. 971 17 65 00)*. In Sencelles selbst (2000 Ew.) lebt bis heute die Tradition des Dudelsackbaues fort. Vor allem aber wurde das Dorf zum Zweitwohnsitz für Ausländer. 1989 wurde Sa Tia Xiroia selig gesprochen; Leben und Wirken der Franciana Cirer sind in dem immer noch von Ordensschwestern bewohnten *Convent de les Germanes de la Caritat* dokumentiert *(tgl. 9.30–13 und 15.30–19 Uhr)*. Von den Hotels ist das Landgut *Can Raio-Lear* noch ein Geheimtipp. Vermietet werden drei Apartements und eine Finca in Hausnähe; reizende Gastgeber *(an der Carretera Algaida bei Kilometer 1,7, Tel. 971 87 25 91 und 610 27 16 89, €€)*. Das gemütlich-komfortable Landhotel *Son Xotano* hat 32 Betten, ein Restaurant gehört zum Haus, außerdem ein Swimmingpool und eine Reitschule *(an der Carretera Pina bei Kilometer 1,5, Tel. 971 87 25 00, Fax 971 87 25 01, canraio@terra.es, €€)*.

SINEU

[131 E4] Von allen Dörfern der Inselmitte ist Sineu (2800 Ew.) das bekannteste. Das liegt vor allem an seinem Mittwochsmarkt, der seit 1306 existiert und Mallorcas größter ⭐ Tiermarkt ist. Am besten kommen Sie ganz früh am Morgen, bevor Touristen busseweise herangekarrt werden. Außer vielerlei Getier stehen Gemüse und Trödel zum Verkauf. In dem stillgelegten Jugendstilbahnhof können Sie außerdem zeitgenössische Kunst bewundern, die auf Mallorca entstanden ist *(Centre d'Art S'Estació, Mo–Fr 9.30–13.30 und 16.30 bis 19.30 Uhr, Sa nur vormittags).* Berühmt ist Sineu für seine *cellers,* ehemalige Weinkeller, die besonders zur Marktzeit brechend voll sind. *Frit* (Innereien) und *porcella* (Spanferkel) sind die Renner. Zwei Empfehlungen: *Celler Es Grop,* mit freundlicher Bedienung *(Carrer Major, Fußgängerzone, Tel. 971 52 01 87, Mo geschl., €),* und *Celler Son Toreo,* weniger romantisch, viele Einheimische *(Carrer Son Torelló, Tel. 971 52 01 38, Mo geschl., €).* Besichtigenswert ist der mittelalterliche Ortskern dieses durch König Jaume II. zur königlichen Residenz erhobenen Orts römischen Ursprungs *(Sinium).* Das heutige Rathausgebäude *(Casa Consistorial)* wurde ab 1667 vom Orden der Mínims, der Minderbrüder (Franziskaner), errichtet; sehenswert ist vor allem der Innenhof mit ionischen Säulen *(Auskunft zu Öffnungszeiten Tel. 971 52 00 27).* Eine breite Freitreppe führt hinauf zu der wuchtigen Pfarrkirche, die im Innern filigran wirkt und mit prächtigen gotischen und barocken Altarbildern und Skulpturen sowie einer Orgel von 1600 ausgestattet ist. Ein geflügelter Bronzelöwe, Symbol des heiligen Markus, Schutzpatron von Sineu, bewacht die Kirche und die *Casa Rectoral* (Pfarrhaus) nebenan, in der an die 800 Keramiken aus dem 12./13. Jh. ausgestellt sind *(Kirche und Pfarrhaus nur Mi zur Marktzeit geöffnet, sonst nach Vereinbarung, Tel. 971 52 00 40).*

ÜBERNACHTEN

León de Sineu
Historisches Stadthaus mit 24 Betten, Garten, Swimmingpool und Weinkeller. Auf Wunsch kocht die mallorquinische Besitzerin für ihre Gäste. *Carrer dels Bous, 129, Tel. 971 52 02 11, Fax 971 85 50 58, www.hotel-leon-sineu.com, €€*

ZIELE IN DER UMGEBUNG

Sant Joan   **[131 F5]**
Schweinezucht *(porc negre)* und Wurstfabriken prägen das 1600-Seelen-Dorf. Die übergroße Pfarrkirche Sant Joan Batista, die dem Dorf den Namen gegeben hat, beeindruckt mit ihrer reichen Innenausstattung und schöner Deckentäfelung (Schlüssel im Pfarrhaus).

Sineu–Algaida   **[131 D–E 4–6]**
Die PM-313 ist eine wenig befahrene kleine Ferienstraße durch Bauernland und die beiden blumengeschmückten Dörfer Lloret und Pina. Restaurant *Es Molí,* gutbürgerliches Gasthaus in der Mühle von Pina *(Carrer Sant Plácid, 3, Sa/So abends und Mo geschl., Tel. 971 12 53 03, €).*

Links unten, wo das Inselherz schlägt

Die schönste Stadt am Mittelmeer und die Touristenhochburgen im Südwesten

Den Südwesten der Insel beherrscht die Hauptstadt Palma. Mit 330 000 Einwohnern stellt sie ungefähr die Hälfte der Inselbevölkerung; zudem laufen in Palma die Hauptverkehrswege Mallorcas zusammen. Mehr als zwei Drittel der insgesamt 270 000 Hotelbetten der Insel stehen in der Badía de Palma und in den Küstenorten zwischen der Hauptstadt und Sant Elm. Nirgendwo ist eine Küstenregion so stark zersiedelt wie hier. Andererseits ist auch nirgendwo eine so gut ausgebaute Infrastruktur anzutreffen. Trotz starker Bebauung blieb viel von der landschaftlichen Schönheit im hügeligen Hinterland erhalten. So ist es nicht verwunderlich, dass sich links und rechts von Palma auch die meisten Residenten angesiedelt haben, allen voran Prominente, die die Flughafennähe und den Ganzjahresbetrieb der Großstadt zu schätzen wissen. Wie Zugvögel fallen seit Jahrzehnten die »Überwinterer« ein, mittlerweile vermehrt auch sportliche Touristen, die einen Wander-, Radel- oder Golfurlaub machen – die Hälfte aller Inselgrüns liegt schließlich im

Palmas Kathedrale erhebt sich an der Stelle der einstigen Hauptmoschee

Hinterland der Hauptstadt. Wenn in den Medien die Rede von Mallorca ist, bezieht sich das meist auf diesen Teil der Insel, auf das viel geschmähte S'Arenal und *Ballermann 6,* aber auch auf den *Königspalast Marivent* und das mit zwei Michelinsternen ausgezeichnete Nobelrestaurant *Tristan.* Fügt man noch die unter Naturschutz gestellte, unbesiedelte Insel Sa Dragonera und das Töpferdorf Pórtol dazu, hat man die ganze bunte Palette dieser vielseitigen Insel auf engem Raum komplett. Über den Autobahnring um die Hauptstadt, die Via Cintura, und die Autobahnen bzw. Schnellstraßen bis S'Arenal im Osten und Port d'Andratx im Westen sind alle landschaftlichen und kulturellen Sehenswürdigkeiten im Umkreis von etwa 25 km um Palma mit Leihwagen schnell und bequem zu erreichen.

PALMA

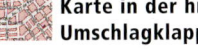 **Karte in der hinteren Umschlagklappe**

[135 D–E 3–4] Die Stadt ist für manche die schönste am Mittelmeer. Mitten in der gleichnamigen Bucht gelegen, öffnet sie sich mit

ihrem Prachtboulevard Passeig Marìtim zu Hafen und Meer, verschließt sich in reizvollem Kontrast ihr Altstadtkern hinter massiven Stadtmauerresten. Palma, dessen Ursprünge auf talayotische und römische Zeiten zurückgehen, dessen historischer Kern arabisch geprägt ist, ist eine alte Stadt und eine junge zugleich. Das macht sie spannend für Einheimische und Fremde. Hier liegt alles dicht beieinander: friedliche Innenhöfe prächtiger Adelspaläste und verkehrsumtoste Straßencafés; andachtsvolles, weihrauchgeschwängertes Kirchendunkel und geschäftiges Treiben im grellen Licht der Markthallen; sonnendurchglühte Plätze und Schatten spendende Arkaden. Fremde tun gut daran, die Stadt zu Fuß zu erkunden. Zum einen sind die Altstadtgassen eng und folgen einem komplizierten Einbahnsystem, zum anderen setzt das ORA-Parkkontrollsystem mit maximal 90 Min. Parkdauer dem Besichtigungsdrang enge Grenzen. Noch immer sind Parkhäuser rar, ist Palma die Stadt mit der größten Verkehrsdichte Spaniens. All das sind Argumente für die Busfahrt in die Hauptstadt, die von nahezu jedem Inselort möglich ist und für gewöhnlich an der Plaça Espanya endet.

SEHENSWERTES

Banys Arabs   [U E3]

Arabische Bäder – der Plural verspricht zu viel: Nur noch eine Kuppel und Säulen mit unterschiedlichen Kapitellen (10. Jh.) sind zu sehen. Erholsam ist der ==Garten,== der samt Bädern zum Palast Font i Roig gehört und durch eine Brücke mit ihm verbunden ist. *Carrer Can Ser-*

ra, 7, tgl. 9.30–19 (sommers 20) Uhr, Eintritt 90 Cent

Castell de Bellver   [U A4]

Von außen wehrhaft-trutzig, in seinem von Loggien gesäumten kreisrunden Innenhof eher elegant, krönt das Königsschloss die Stadt. Unter Jaume I. begonnen, 1309 fertig gestellt, diente es nur kurz als Residenz Jaumes II., später als Kerker und Ort schlimmer Judenpogrome (14. Jh.). Heute ist hier das Historische Museum untergebracht, im Hof finden Sommerkonzerte statt. Schon der Blick auf Stadt und Hafen lohnt die Auffahrt. *Juli/Aug. Mo–Sa 8–20, So 10 bis 14 und 16–21, sonst Mo–Sa 8 bis 18, So 10–19 Uhr, Eintritt 1,60 Euro*

Hafen/Port   [U B–D 3–6]

Unterhalb der Kathedrale ragt eine lange Mole ins Meer, die den Fischerhafen begrenzt. Ihr gegenüber liegt die Fischermole, wo Sie noch heute beim Netzeflicken zuschauen können. Den von Palmen gesäumten Passeig Marìtim entlang führt ein Fuß- und Radweg, der sich am gesamten Stadtufer bis zur Ciutat Jardí/Platja de Palma hinzieht; er wird von den Palmesanern sehr genutzt. An den Fischerhafen schließt sich der *Reial Club Nàutic* mit Gourmetrestaurant an, das auch vom spanischen Königspaar aufgesucht wird. Gegenüber dem *Auditorio,* Palmas Konzerthalle, legen die Schiffe für die einstündigen Hafenrundfahrten *(cruceros)* ab *(10.30, 12.30, 15, 16 und 17 Uhr, 6 Euro).* Von hier westwärts hat sich in Kneipen und Nachtclubs erneut die Nachtszene etabliert. Es schließt sich der schicke Yachthafen *Club de Mar* mit Restaurant und einer Diskothek an, in der sich die Prominenz trifft. Die westlichste Hafenmole schützt die Estació Marìtima, an der die Festlandsfähren und die Kreuzfahrtdampfer anlegen. Fußgängermuffel können die Küstenpromenade auch in der Pferdekutsche *(galera)* erleben *(unterhalb der Kathedrale und am Passeig Sagrera, 45 Min., 24 Euro).*

Jugendstilbauten

Die katalanische Version des um die Wende vom 19. zum 20. Jh. entstandenen Jugendstils, der *modernisme,* präsentiert sich in Palma mit schön restaurierten Fassaden. Genannt seien: *Edifici Casayas* an der Plaça Mercat, 1908–11 erbaut von Francesc Roca. Schräg gegenüber, an der Plaça Weyler, die wohl schönste Jugendstilfassade der Stadt:

Beispiel für Palmas Jugendstilarchitektur: das Gran Hotel

das ★ *Gran Hotel,* 1901–03 von Lluís Domenec i Montaner erbaut, von einer mallorquinischen Sparkasse aufwändig restauriert und in eine Kunstgalerie umgewandelt *(Di–Sa 10–21, So 10–14 Uhr).* Die nebeneinander stehenden Häuser *Can Rei* und *L'Aguila* an der Plaça Marqués de Palmer entstanden

MARCO POLO Highlights »Palma und Umgebung«

★ **Kathedrale La Seu**
Die schönste Komposition aus Licht und Stein am Mittelmeer (Seite 78)

★ **Gran Hotel**
Prächtigstes Beispiel für restaurierten Jugendstil in Palma (Seite 77)

★ **Fundació Pilar i Joan Miró**
Gedächtnisstätte und Museum des Malers Joan Miró (Seite 80)

★ **Sa Dragonera**
Im Naturpark auf der unbebauten Insel leben endemische Eidechsen (Seite 95)

★ **Jardins d'Alfabia**
Das einzige wohl erhaltene Zeugnis arabischer Gartenbaukunst auf Mallorca (Seite 88)

★ **Son Marroig**
Begegnung mit dem Erbe des Erzherzogs Ludwig Salvator (Seite 89)

★ **Port de Portals**
Klein-Saint-Tropez zum Sehen und Gesehenwerden (Seite 92)

★ **Unterdorf von Valldemossa**
Bummel durch die blumengeschmückten Straßen (Seite 88)

Viel Licht in großzügigen Räumen: die Kunstgalerie in Palma

1908/09 und sind wegen ihrer farbigen Mosaiken berühmt. Besonders hier macht sich der Einfluss des großen Meisters des katalanischen *modernisme,* Antoní Gaudí, bemerkbar.

Kathedrale La Seu　　[U E3]

★ Das berühmteste Inselgebäude thront wie eine Glucke über dem Meer. Von außen wirkt das Gotteshaus lange nicht so hoch und licht wie von innen. Einst spiegelte es sich im Meer, das bis an die Mauern heranreichte. Heute kontrastiert es mit dem vorgelagerten Parc de la Mar mit See, Blumen und Plastiken und dem Podium Ses Voltes. Das etwa 110 m lange Hauptschiff fasziniert durch die 14 schlanken, knapp 22 m hohen Säulen (Kölner Dom: nur 10,5 m!) und der Welt größte Fensterrose in der Hauptapsis (11,5 m Durchmesser, 1236 Glasteile), die bei Sonneneinfall

bunte Lichtspiele zaubert. Als Jaume I. vor der Eroberung Palmas (1229) auf dem Meer in ein Unwetter geriet, gelobte er, nach überstandener Not und dem Sieg über die Mauren eine Kathedrale zu bauen. Sie entstand genau über der von seinen Truppen zerstörten Moschee. Der Grundstein wurde am 31. Dez. 1229 gelegt, doch zogen sich die Bauarbeiten über Jahrhunderte hin. Das Material ist der goldgelbe, empfindliche Santanyí-Sandstein. Von Antoní Gaudí stammen die letzten baulichen Veränderungen im Altarraum und der darüber schwebende, ausladend geschwungene Leuchter. Die den Heiligen gewidmeten Seitenaltäre sind kunstgeschichtlich weniger bedeutsam. Beeindruckend ist der reiche Kirchenschatz in den beiden Kapitelsälen am heutigen Domeingang, der leicht übersehen wird, da er auch zum Dommuseum führt. *Plaça*

Palau Reial, winters Mo–Fr 10–15, Sa 10–14, sommers Mo–Fr 10–18, Sa 10–14 Uhr, Eintritt 2,40 Euro

Kloster/Convent de Sant Francesc [U E–F2]

Schön sind die Fensterrose und das Barockportal der sonst schlichten Klosterkirche. Im Klosterbau mit einem herrlichen gotischen Kreuzgang (wird gerade restauriert) ist heute eine Schule untergebracht. Im Kircheninnern ein prächtiger Barockaltar – Lichtschalter rechts neben dem Lettner! – und das Grabmal von Ramón Llull. *Plaça Sant Francesc, Mo–Sa 9.30–12.30 und 15–18, So 9.30 bis 12.30 Uhr, Eintritt 60 Cent*

Palau de S'Almudaina [U E3]

Vom Meer aus wirken Kathedrale und Königspalast fast wie ein einziger Bau. Der einstige Alkazar des Emirs, später Residenz der aragonesischen Könige, beherbergt heute die Militärkommandantur und dient König Juan Carlos I. als Sitz, wenn er auf Mallorca weilt. Besonders sehenswert sind die Königsgemächer und die gotische Kapelle Santa Ana. *Plaça Palau Reial, winters Mo–Fr 10–14 und 16–18, sommers 10–18.30, Sa 10–14 Uhr, Eintritt 2,40 Euro*

Palaus/Paläste

Im Altstadtbereich um die Kathedrale und in Sa Portella finden sich die meisten Bürger- und Adelspaläste, die vorwiegend im 15./16. Jh. nach italienischem Vorbild errichtet wurden. Eher strenge, festungsartige Fassaden und heitere Patios (Innenhöfe) sind diesen Bauten gemein, die zumeist noch von den Nachkommen bewohnt sind und

normalerweise nicht besichtigt werden können. Durch Eisengitter kann man jedoch hier und da einen Blick erhaschen in die Patios mit ihren breit geschwungenen Sandsteinbogen, mancher bühnenwirksamen Freitreppe, mit blumengezierten Brunnen und Kopfsteinpflaster. Besonders schön: *Palau Can Oleo* nahe dem *Museu de Mallorca* und *Palau Marqués de Vivot* im *Carrer Savellà, 6*. Einfach zu besichtigen ist der zur Kunstgalerie umfunktionierte *Casal Sòlleric* am Passeig des Born/Plaça Joan Carles. Ganz leicht wird es den Besuchern in der Woche um Corpus Cristi (Fronleichnam) gemacht: etwa ein Drittel der 154 Stadtpaläste gestatten den Eintritt in ihren Patio. In einigen finden dann auch Konzerte statt *(Auskunft in den Fremdenverkehrsbüros)*.

Plaças/Plätze

Von den vielen kleinen und größeren Plätzen der Stadt laden besonders ein:

Plaça Cort (Rathausplatz). Verkehrsreich, mit mehrhundertjährigem Ölbaum vor dem Rathaus; dieses, mit weit überkragendem Dach und den *gigantes* (Mann und Frau als Volksvertreter) im Innern, stammt aus dem 17./18. Jh.

Plaça Espanya. Verkehrsknotenpunkt Palmas mit Bus- und Sóller-Bahnhof, laut, verkehrsreich; das Denkmal König Jaumes I. umgurren Tauben, in der *Bar Central* trifft man sich seit eh und je.

Plaça Llotja (Börsenplatz). Kleiner, ruhiger Platz an der *Llotja* mit Blick zum Hafen. 1426 begann man mit dem Bau der Seehandelsbörse nach Plänen des Architekten Guillem Sagrera. Über dem Portal

In diesem lichten Atelier, erbaut von Josep Lluís Sert, arbeitete Joan Miró

ein schöner Engel, im Inneren sechs schlanke Säulen, die sich wie eine Palmenkrone auffächern. Heute wird der Raum für Ausstellungen genutzt. 🏃 Rund um den Platz haben sich Bars und Restaurants etabliert, tagsüber eine Oase zum Verschnaufen bei *tapas* oder Kaffee, nachts eines der drei Stadtviertel mit Nachtleben.

Plaça Major (Hauptplatz). Der rechteckige, harmonisch wirkende Platz mit gelb gestrichenen Häuserfassaden und schattigen Arkadengängen wird vorwiegend belebt von Touristen, die die Cafés bevölkern, und von Gauklern. Im Winter verwandelt er sich in einen Weihnachtsmarkt, auf dem hauptsächlich Krippenfiguren verkauft werden.

Plaça Mercat/Plaça Weyler. Beide kleinen Plätze werden durch den Carrer Unió getrennt und zeichnen sich durch ansehnliche Jugendstilgebäude aus. Man trifft sich im *Café Cine* oder im Café des *Gran Hotel.* Von der Plaça Mercat geht der kleine Carrer Can Verí ab, gesäumt von teuren Geschäften.

Sa Portella [U E3]

Wer den Rundgang durch die Kathedrale beendet hat, kommt durch deren Ausgang mitten hinein in diesen ältesten Stadtteil Palmas, geprägt durch enge, schattige Gassen und alte Adelspaläste. Im Carrer S'Almudaina ist als eines der wenigen Relikte aus der Araberzeit der *Arc de S'Almudaina* zu sehen, Rest eines Stadttors, sowie die Arabischen Bäder.

MUSEEN

Fundació Pilar i Joan Miró [135 D4]

⭐ Getreu dem Willen des Wahlmallorquiners und gebürtigen Katalanen Joan Miró (1893–1983), der vierzig Jahre auf der Insel wirkte, wurden Atelier und Wohnhaus des

Künstlers zu einem »Ort, wo Menschen gemeinsam arbeiten, schaffen und diskutieren«. Ein Teil seines Nachlasses ist in dem Museumsbau zu sehen; außerdem werden wechselnde Ausstellungen seelenverwandter Künstler veranstaltet. Zu bestimmten Zeiten sind auch Mirós Atelier, 1954 von seinem Freund Josep Lluís Sert erbaut, und das Haus Son Boter, das dem Künstler als Studio diente, zu besichtigen. Im Verkaufsraum Vermarktung miróscher Motive auf Gebrauchsartikeln. *Cala Major, Carrer Saridakis, 29, ausgeschildert, sommers Di–Sa 10–19, So 10–15, winters Di–Sa 10–18, So 10–15 Uhr, Eintritt 4,20 Euro*

Museu d'Art Espanyol Contemporani [U E2]

Eine lichte Vorhalle und eine schön geschwungene Treppe führen im Haus Nr. 11 des Carrer Sant Miquel zu einer erlesenen Auswahl zeitgenössischer spanischer Kunst. Die Col.lecció March ist ein Teil der umfangreichen Stiftung der Bankerfamilie March, die dieses 1917 erbaute herrschaftliche Haus in den 1960er-Jahren erwarb und restaurierte. *Tägl. außer So 10–18.30, Sa bis 13.30 Uhr*

Museu Diocesà [U E3]

Das im bischöflichen Palais untergebrachte Diözesanmuseum mit schönem Patio zeigt u. a. wertvolle Bücher aus dem 15. Jh., gotische Tafelbilder und Madonnenstatuen. Der im Gang befindliche Ausbau des Museums bringt zur Zeit römische und arabische Funde zutage. *An der Ostfassade der Kathedrale, tgl. 10–13.30, Mo–Fr 15–20, winters bis 18 Uhr, Eintritt 1,80 Euro*

Museu de Mallorca [U E3]

In einem Stadtpalast des 17. Jhs. sind etwa 3000 Stücke aus einer Zeitspanne von der Frühgeschichte bis zum Barock ausgestellt, archäologische Funde ebenso wie Gemälde, Skulpturen, Möbel und sakrale Kunst. *Carrer Sa Portella, 5, Di–Sa 10–14 und 16–19, So 10 bis 14 Uhr, Eintritt 1,80 Euro*

ESSEN & TRINKEN

Da sich die meisten Touristen nur einen einzigen Tag in Palma gönnen, bleibt meistens kaum Zeit für eine ausgedehnte Einkehr in ein gutes Restaurant, schon gar nicht in eins, das außerhalb des Zentrums liegt. Deshalb überwiegen im Folgenden Cafés, Kneipen und Restaurants, die im Altstadtbereich und am Hafenboulevard liegen. Der etwa 1 km lange ==Carrer Fábrica== im Viertel von Santa Catalina ist im Begriff, zur »Fressmeile« zu werden. Er wurde hübsch begrünt und wartet mit zig Kneipen und Restaurants auf, in die vorwiegend Einheimische und bislang nur wenig Touristen einkehren.

Insider Tipp

Bars und Straßencafés gibt es viele in Palma

Bar Bosch [U E2]
Seit 1936 der Treff für jedermann, verkehrsumtost. *Plaça Joan Carles I, tgl. außer So 7–3 Uhr*

La Bóveda [U D3]
Stets belagerte *tapa*-Bar mit rustikalem Ambiente. *Carrer Sa Portería, 2, ab 13.30 und ab 20.30 Uhr, So geschl., €€*

Chopin [U E2]
Leichte mediterrane Gerichte werden im kleinen Speiseraum und im begrünten Innenhof dieses Schweizer Edellokals serviert. *Plaça Chopin, Tel. 971 72 35 56, Sa Mittag und So geschl., €€*

Fábrica 23 [U C2]
Bistro ohne Karte. Über die täglich wechselnden kleinen und feinen Gerichte informiert eine Tafel. *Carrer Fábrica, 23, Tel. 971 45 31 25, Aug. geschl., €*

Gadus [U C2]
Das kleine Lokal hat sich mit über 60 Variationen ganz auf *bacalao* (Stockfisch) spezialisiert. *Carrer Fábrica, 5 b, Tel. 971 45 01 62, So und August geschl., €–€€*

Insider Tipp **Gran Café Cappuccino** [U E1]
Café, Szenetreff und Kunstgalerie mit Garten in zwei Etagen eines herrlich renovierten *palacio* mit Platz für 1800 Gäste. *Carrer Sant Miquel, 53, Nähe Plaça Espanya*

Koldo Royo [U C3]
Das sehr gut besuchte kleine Lokal mit Blick auf den Hafen bietet exquisite baskische Küche. *Passeig Maritim, 3, Sa abends und So geschl., Tischbestellung erforderlich, Tel. 971 73 24 35, €€€*

Lizzarán [U F1]
Warme und kalte Häppchen (keine *tapas!*) werden nach Anzahl der Zahnstocher abgerechnet, mit der man die Köstlichkeiten aufspießt. *Carrer Enrique Alzamora, 2 (Nähe Markthalle), tgl. außer So 9.30–2 Uhr, Tel. 971 72 74 43, €€* *Inside Tipp*

La Lubina [U D3]
Fisch, Schaltiere und *tapas* mit Blick auf Schloss Bellver und den Yachthafen. *An der Hafenmole gegenüber der Kathedrale, tgl., Tischbestellung erforderlich, Tel. 971 72 33 50, €€€*

Es Xoriguer [U C2]
Zwar mit schwankender Qualität, dennoch das gehobenste Restaurant der Schlemmermeile. Immer köstlich geraten die Lammcarrés. *Carrer Fábrica, 60, So und August geschl., Tel. 971 28 83 32, €–€€*

EINKAUFEN

Lohnende *Einkaufsstraßen* sind:
– für namhafte Mode *Carrer Can Verí* und *Carrer Sant Miquel,*
– für Schuhe *Avinguda Jaume III* und *Carrer Sant Miquel.*
Schönes, bodenständiges Kunstgewerbe und Antikes kann man einmal im Jahr auf dem Messegelände bewundern und kaufen. Auf der *Baleart (Fira d'Artesania)* stellen etwa 200 balearische Kunstgewerbebetriebe und 300 werkelnde Künstler aus. *Erste bis zweite Woche im Dezember, Messegelände* [U F3]*, Carrer Ciutat de Querètano, s/n, 11–21 Uhr, Eintritt 3 Euro*

The Bikini Shop [U C3]
Edle Teilchen von mehr als 20 internationalen Designern sind hier

Tapas oder Montaditos?

Häppchen für den kleinen Hunger zwischendurch

Fast ließe sich eine neue Inselmode auf den kurzen Nenner bringen: *tapas* sind out, *montaditos* sind in. Tapas sind kleine warme und kalte Gerichte, deren Portionen in klein, mittel und groß eingeteilt werden. Typische tapas sind *datiles con bacon* (Datteln im Speckmantel), *boquerones* (fritierte oder sauer eingelegte Fischchen), aber mittlerweile auch mallorquinische Spezialitäten wie *frit mallorquì* (Innereien mit Gemüse) oder *tumbet* (Gemüsepfanne). Beliebter bei Einheimischen sind seit einiger Zeit *montaditos* (*montar*: montieren). Basis ist immer eine Scheibe Brot, meist getoastetes Weißbrot. Darauf werden kalte oder heiße Köstlichkeiten gelegt: kleine Würstchen oder raffinierte Salate oder Kombinationen aus verschiedenen Zutaten. Am ehesten vergleichbar sind sie wohl mit Kanapées. In einigen Lokalen werden sie mit einem Zahnstocher gepickt. Nach ihrer Anzahl am Tellerrand wird abgerechnet.

zu bestaunen und/oder zu erwerben. Der teuerste Bikini von Versace kostet 258 Euro, der erschwinglichste »nur« 59,50 Euro. Aber der ist nur für junge Mädchen, sagt die Verkäuferin. *Carrer Monsenyor Palmer, 2, Mo–Sa 10–22 Uhr*

Bomboneria La Pajarita   [U E2]
Seit 1872 verkauft die Familie Mulet in einem dekorativen Jugendstilladen ihr delikates Konfekt, *bombones* genannt. Berühmt sind ihre *turrós* an Weihnachten, Riegel aus Mandel-, Schoko- und Nougatmasse. *Im Treppenviertel, Carrer Sant Nicolau, 2, Mo–Fr 9.45–13.30 und 16.45–20, Sa 9.45–13.30 Uhr*

Casa Bonet   [U E2]
Das Haus der Stickereien beherbergt auch ein kleines Museum im hinteren Laden. *Plaça Frédéric Chopin, 2*

Colmado Santo Domingo   [U E2]
In dem fotogenen Lädchen im Treppenviertel bekommen Sie *sobrasadas, jamón serrano* und viele andere Spezialitäten. *Carrer Sant Domènec*

Dialog   [U F2]
Die deutsche Buchhandlung *(Tel. 971 22 81 29)* mit über 100 Mallorca-Titeln bietet auch gute Spanischkurse an *(Tel. 971 71 99 94). Plaça Carme, 14*

Especias Crespi   [U F2]
Weithin strömen orientalische Gerüche aus Mallorcas berühmtestem Gewürzladen. Mehr als 150 verschiedene Sorten stehen in Päckchen zum Kauf bereit. Am teuersten ist *azafrán*, Safranfäden aus der Mancha vom spanischen Festland. Exotisch auch *jamaica*, die pikante Süße für die *botifarrós* (Blutwürste).

Achtung: nicht mit dem Nachbarladen verwechseln! *Via Sindicat, 64, Mo–Fr 9–13.30 und 16.30–20, Sa 9–13.30 Uhr*

Flohmarkt [U F2]

Sa vormittags Kitsch und Schnäppchen an der *Avinguda Gabriel Alomar i Villalonga* und im hinteren Teil des *Carrer Meten* (Vorsicht vor Taschendieben!)

Forn des Teatre [U E2]

Palmas älteste Bäckerei, in üppigem Jugendstildekor prangend, mit besten *ensaïmadas* und *empanadas*. *Plaça Weyler*

Kunstgalerien

Von den über 50 Adressen kann hier nur eine Auswahl angeführt werden.
Altair, Carrer Sant Jaume, 23; Casal Sòlleric, Passeig des Born, 27; Gianni Giacobbi, Carrer Ribera, 4; Kulturzentrum Sa Nostra, Carrer Concepció, 12; Sala Pelaires, Carrer Pelaires, 23

Insider Tipp ## Markthalle [U D2]

Mercat de L'Olivar, imposante Fisch-, Fleisch- und Gemüsehallen auf zwei Etagen mit guten *tapa*-Bars an der neuen *Plaça de L'Olivar. Mo–Sa bis 14 Uhr*

Masajes A 1000 [U E1]

Zehn Minuten Anti-Stress-Gymnastik im Massagestuhl für 6 Euro, zwanzig Minuten Massage auf der Liege für 12 Euro – Entspannung vom Pflastertreten im gepflegten Salon bei sympathischen Masseurinnen. Keine Sorge – alles ist seriös! *Avinguda Comte de Sallent, 17, tägl. 8–24 (Winter bis 22.30) Uhr, www.masajesa1000.com*

ÜBERNACHTEN

Apuntadores [U D2]

🏃 Die einfache Pension mit 56 Betten (Dusche/Gemeinschaftsbad) im Herzen der Stadt wird gern von Rucksacktouristen frequentiert. Toller Blick auf die Kathedrale von der �335 Dachterrasse des Hauses aus. *Carrer Apuntadors, Tel./Fax 971 71 34 91,* €

Arabella Golf Hotel [135 D3]

Luxushotel mi einem sehr guten eigenen Restaurant. Direkt an den beiden zum Haus gehörenden Golfplätzen Son Vida und Son Muntaner (nur für Gäste der Hotels Son Vida und Arabella, Greenfee: 51 Euro) gelegen, 80 Betten. *5 km oberhalb Palmas im Nobelvorort Son Vida, Tel. 971 79 99 99, Fax 971 79 99 97, www.luxurycollection.com,* €€€

Born [U E2]

Zentral gelegenes 100-Betten-Haus in restauriertem Stadtpalast (18. Jh.) mit ruhigem Patio. *Carrer Sant Jaume, 3, Tel. 971 71 29 42, Fax 971 71 86 18,* €€

Corona [U A4]

🏃 Traditionsreiche 26-Betten-Pension mit Garten, vor allem für jüngere Leute, in dem etwas heruntergekommenen Viertel El Terreno; ruhige Lage. *Carrer Josep Villalonga, 22, Tel. 971 73 19 35,* €

Palau Ca Sa Galesa [U E3]

Das britisch geführtes Luxushotel mit 14 Betten in einem alten Stadtpalast liegt direkt neben der Kathedrale. *Carrer Miramar, 8, Tel. 971 71 54 00, Fax 971 72 15 79, www.palaciocasagalesa.com,* €€€

San Lorenzo [U D2]

12-Betten-Haus unter Schweizer Leitung mit einem Hauch von Luxus in einem noch zu sanierenden Teil des Zentrums. *Carrer San Lorenzo, 6, Tel. 971 72 82 00, Fax 971 71 19 01, €€*

Son Vida [135 D3]

Renommiertes Schlosshotel oberhalb Palmas mit Traumblick am Golfplatz, 340 Betten. *Vorort Son Vida (5 km), Tel. 971 79 00 00, Fax 971 79 00 17, www.hsonvida. balears.net, €€€*

AM ABEND

Palma bei Nacht ist ein Muss. Beleuchtet sind dann die Kathedrale, das Schloss und der Hafenboulevard. Vor allem im Sommer gehts nach Mitternacht rund im Viertel Sa Llotja, am Passeig Marìtim und im Viertel El Terreno. Nachfolgend die maßgeblichen Szenetreffs:

Abaco [U D2]

Warteschlangen vor der schönsten Nachtbar Europas im üppig dekorierten Stadtpalais in Visconti-Manier. Teure Fruchtcocktails. *Carrer Sant Joan, 1, ab 21 Uhr*

Bar Barcelona [U D2]

Winziger Jazzclub. *Carrer Apuntadors, 5, 22–5 Uhr*

La Bodeguita del Medio [U D3]

Havanna-Kopie mit Kuba-Sound im Viertel Sa Llotja. *Carrer Valseca, 18, 20.30–3.30 Uhr*

Jammin's Club [U A–B4]

Nobelnachtclub mit Supercocktails. *Avinguda Joan Miró, 73, 20–6 Uhr*

Made in Brasil [U B3]

Samba, Salsa, eng und heiß. *Passeig Marìtim, 27, ab Mitternacht*

Pacha [U B4]

In-Disko, Terrasse und Hafenblick. *Passeig Marìtim, 42, Do–So 23–7 Uhr, www.pachamallorca.com*

Sala Sonotone [U A–B4]

Mallorcas einzige Konzerthalle für Independent Pop, Hip-Hop und Break-Beats mit lokalen und internationalen Bands und DJs. *Im Vergnügungsviertel El Terreno, an der Plaça Gomila. Beginn in der Regel um 22 Uhr, Eintritt zwischen 3 und 18 Euro*

Tito's [U B4]

Traditionsdisko mit gläsernem Fahrstuhl zum Passeig Marìtim, Livemusik am Wochenende. *Ab 23 Uhr, im Winter nur wochenends, Eintritt 12–20 Euro*

Hotel Victoria/ La Gramola [U B4]

Treff für Leute ab 40 aufwärts mit Livemusik. *Passeig Marìtim, ab Mitternacht, Eintritt ca. 10 Euro*

AUSKUNFT

Fomento de Turismo [U E2]

Carrer Constitució, 1, Tel. 971 72 53 96, Mo–Fr 9–20, Sa 9–13 Uhr

Informació Turística Municipal

Plaça Espanya, Parc d'Estació [U F1], *Gebäude rechts, mit gelbem i versehen, Tel. 971 71 15 27, und im Carrer Sant Domènec in der Fußgängerzone,* [U E2]*) Tel. 971 72 40 90, beide Mo–Fr 9–20, Sa 9–13 Uhr*

Rund um Palma/Südwesten

Orientiert an den großen Ausfallstraßen und Autobahnabfahrten *(salidas)* der Via Cintura rund um die Hauptstadt werden nachfolgend – von Osten nach Westen, entgegen dem Uhrzeigersinn – besuchenswerte Landschaften, Orte und Strände im näheren Umkreis von Palma aufgeführt.

Richtung Flughafen

Ciutat Jardí/ Platja de Palma/S'Arenal

Der bildschöne Hafenboulevard Passeig Marìtim geht ostwärts nahtlos über in die Autobahn Richtung Flughafen und Platja de Palma. Die Abfahrt Coll den Rebassa führt zur *Ciutat Jardí* **[135 E4]**, einem Villenvorort von Palma mit kleinem Strand und einer dahinter gelegenen »Fressmeile«. Restaurant: *Casa Fernando* mit fangfrischem Grill-

Nicht nur Pferde trinken aus Eimern – die benutzen allerdings keine Strohhalme

fisch und *mariscos* (Meeresfrüchte), die der Gast an der Theke aussucht; Tischbestellung *(Carrer Trafalgar, 27, Tel. 971 26 54 17, Mo geschl., €€€).*

Mehrere Abfahrten führen an die 16 *balnearios* (Strandabschnitte) der *Platja de Palma* **[135 F4–5]** und nach *S'Arenal* **[135 F5]**. Entlang der 8 km langen Sandstrandküste verläuft eine breite, palmenbestandene Promenade für Fußgänger und den *turìstic tren,* eine elektrische Bummelbahn, die die Strandabschnitte verbindet *(Rückfahrkarte 3 Euro).* Hinter der Promenade reiht sich lückenlos ein Hotel ans andere, ein Komplex von insgesamt 38 000 Betten mit perfekter touristischer Infrastruktur. Hinter Balneario 6, dem berühmtberüchtigten *Ballermann,* steht in der Bier- und der Schinkenstraße Kneipe an Kneipe. Im Winter sind die Vergnügungsstätten geschlossen – eitel Beschaulichkeit für die Langzeiturlauber. In der gesamten Badía de Palma hört man mehr deutsche Laute als sonst irgendwo auf der Insel. Gehobenere Hotellerie und Gastronomie finden sich im Ortsbereich *Las Maravillas* **[135 F5]**, 🏃 einfachere Pensionen im sanierungsbedürftigen S'Arenal.

Hotels: *Timor,* ganzjähriger Betrieb mit 483 Betten, solide geführt, 150 m vom Strand, Nähe Balneario 3 *(Tel. 971 26 31 36, Fax 971 49 12 00, €–€€); RIU Bravo* mit 400 Betten, ganzjährig, nahe dem RIU Centre, das mit Läden, *plaça* und Riesendisko eine Art Zentrum bildet *(Tel. 971 26 63 00, Fax 971 26 42 42, €€€);* 🏃 *Alberg Platja de Palma,* sehr einfach, sauber, in zweiter Linie in Arenal. Mit Jugendherbergsausweis ist es hier-

Insic Tipp!

deutlich günstiger. *(Carrer Costa Brava, 13, Tel. 971 26 08 92, Fax 971 26 20 12, €)*. Restaurants: *Can Torrat*, rustikales Ambiente, gute Steaks *(Carrer Las Maravillas, €€); Rancho Picadero*, Mallorca-Küche, Grill, rustikal und riesig *(Can Pastilla, Carrer Flamenco, 1, €€)*. Am Abend: *Oberbayern*, mit Oktoberfeststimmung, deftigem Nudismus, deutschen Schlagerstars live *(zwischen den Balnearios 5 und 6)*. 🏃 *Joy Palace*, In-Disko seit Jahren, bei bleibend gutem Niveau *(Nähe Schinkenstraße bei Balneario 6)*. 🏃 Sport und Freizeit: Supersurfrevier, Superminigolf *Fantasia* mit 54 Loch *(am Balneario 3, 7,20 Euro)*

RICHTUNG INCA

Pórtol/Sa Cabaneta/Santa Maria/Consell

Zur Großgemeinde *Marratxí* gehören die beiden Keramikdörfer *Pórtol* [130 B4–5] und *Sa Cabaneta* [130 A–B4] mit je 2000 Eeinwohnern., 15 km nordöstlich von Palma. Die 8 ==Töpferwerkstätten== *(olleríes)* in Pórtol sind beschildert. Hier werden die bauchigen *olles* und die flachen *greixoneras* hergestellt und verkauft. Die Werkstätten von Sa Cabaneta, fast alle versteckt im oberen Ortsteil gelegen, sind berühmt für ihre *siurells*.

Ebenfalls 15 km von Palma entfernt liegt nahe der Autobahn der 4400-Seelen-Ort *Santa Maria* [130 B4]. Die C-713, deren Trasse einer alten Römerstraße folgt, führt durch den Ortskern mit einer Reihe guter *tapa*-Bars, etwa *Sa Font*. Schräg gegenüber lohnt ein Blick in den schönen Kreuzgang des Klos-

Insider Tipp

ters aus dem 17. Jh. Ebenfalls an der Durchgangsstraße werden in der Weberei *Bujosa* noch von Hand mallorquinische Ikats hergestellt. Hotel: *Read's;* das unter englischer Leitung stehende Luxus-Landhotel ist mit eigenwilligen Wandmalereien und gutem Restaurant ausgestattet *(etwa 3 km, ausgeschildert vom Ortsrand, Tel. 971 14 02 61, Fax 971 14 07 62, €€€)*.

Weiter nördlich an der C-713 liegt das 2200-Seelen-Dorf *Consell* [130 B–C3], das an sich wenig zu bieten hätte, wären da nicht die *Bodegas Can Ribas (Carrer Muntanya, 2)* mit guten Weinen der »Denominació Binissalem« und ein sonntäglicher Flohmarkt von mittlerweile gigantischen Ausmaßen *(direkt am Ortseingang an der C-713)*.

RICHTUNG SÓLLER

Raixa/Bunyola/Alfabia

An der C-711, die Sóller durch den neuen Tunnel im Nu mit Palma verbindet, liegen bei Kilometer 12 die wieder öffentlich zugänglichen Gärten von *Raixa* [129 F3]. Die balearische Regierung ist am Kauf dieses Familienbesitzes interessiert, um ihn als Gästehaus für hohen Besuch umzurüsten.

Bunyola [135 E–F1], das idyllisch am Südfuß der Serra d'Alfabia gelegene Dorf (5000 Ew.), hat eine eigene nostalgische Station der Sóller-Bahn. Berühmt ist die Destillerie *Túnel*, die neben anderem den Digestif *palo* produziert *(links an der Haupteinfahrt)*. Hotel: *Finca Barcelona* in einem ehemaligen Herrenhaus über dem Ort mit 9 Betten zum Alleinbewirtschaften *(Tel.*

971 18 05 68, €€). Restaurant: *Ses Porxeres,* bekannt für die tischfüllenden Vorspeisen und gute katalanische Küche *(vor dem Autotunnel, Tel. 971 61 37 62, So abends, Mo und Aug. geschl., €€).* Es teilt sich den Parkplatz mit den direkt nebenan liegenden ★ *Jardins d'Alfabia* **[124 A6]**, Mallorcas einzigem gut erhaltenen Zeugnis arabischer Gartenbaukunst, und einem Lustschlösschen aus dem 17. Jh. *(an der C-711 Kilometer 17, Mo–Fr 9.30 bis 17.30, Sa 9.30–13.30 Uhr, Eintritt 4,20 Euro).*

In den arabischen Jardins d'Alfabia

RICHTUNG VALLDEMOSSA

Wenn man von Palma kommt (PM-111), verschlägt es einem immer wieder die Sprache, so zauberhaft präsentiert sich das Bergdorf *Valldemossa* **[129 E–F 2–3]**: schmale Häuser auf Steinterrassen mit blühenden Gärten, gekrönt von der Pfarrkirche und dem berühmten Kloster. Mehr als 300 000 Touristen schieben sich jährlich durch die Kartause auf Spurensuche nach Frédéric Chopin und George Sand, die hier nasskalte sechs Wochen des Winters 1838/39 verbrachten. Auch wenn niemand so genau weiß, ob sie nun in Zelle zwei oder in Zelle vier komponierten, dichteten und litten, will jeder Mallorcagast vom Mythos der beiden schnuppern. Vor halb elf und ab vier Uhr nachmittags lassen sich Noten, Bücher, Bilder, Klavier und Büste andächtig betrachten, insbesondere aber die kleinen Blumenterrassen vor den Zellen mit grandiosem ◥◣ Fernblick.

Die ursprüngliche königliche Residenz war von 1399 bis zur Säkularisierung 1835 ein Kartäuserkloster. Der heutige Bau stammt aus dem 18. Jh. Sehr sehenswert ist die alte Klosterapotheke, die bis 1913 noch in Betrieb war. Zelle sechs dient als Heimatmuseum und ist u. a. dem Erzherzog Ludwig Salvator von Österreich gewidmet, dem Arxiduc. Im ersten Stock zeigt die *Pinacoteca* Werke des 20. Jhs., so von Miró, Picasso und Tàpies. Nicht auslassen sollte man auch den *Palau de Rei Sanxo* mit kostbarem Mobiliar und kleinem Klavierkonzert *(Mo–Sa 9.30–13.30 und 15–18/19 Uhr, So geschl., Tel. 971 61 21 06; der gesamte Rundgang von gut 1,5 Stunden kostet 7,20 Euro).*

Nach dem Klosterrummel erholsam sind die blumengeschmückten Pflastergassen des ★ *Unterdorfs von Valldemossa* mit der gotischen Pfarrkirche Sant Bartomeu und Kachelbildern an jedem Haus. Sie zeigen Szenen aus dem Leben von Santa Catalina, geboren im Carrer Rectoría, zunächst selig, dann 1930 heilig gesprochen. Der einstigen Magd Catalina Tomàs (1531–74) wurde neben der Pfarrkirche ein liebenswertes Denkmal gesetzt. Als einzige Inselheilige wird sie von den Mallorquinern glühend verehrt. Ihretwegen und wegen der *cocas de patata* fährt man meilenweit; diese Kartoffelkrapfen gibt es in jeder Bäckerei.

Can Mario, das einzige Dorfhotel, ist einfach und familiär; 16 Betten *(Carrer Uetam, 8, Tel. 971 61 21 22, €).* Ruhig und gepflegt kommen Sie unter im Komfortlandhaus *Vistamar* mit 40 Betten in schöner Garten- und Poollandschaft mit namhaftem Restaurant *(Zufahrt von der Straße nach Andratx, 2,5 km von Valldemossa entfernt, Tel. 971 61 23 00, Fax 971 61 25 83, €€€).*

Gleich hinter Valldemossa, an der Straße nach Deià, liegt  *Els Ermitans* **[129 E2]**. Die winzige Einsiedelei, gegründet 1648, wird heute noch von Eremiten bewohnt, die nach der Regel der Heiligen Paulus und Antonius leben. Von hier hat man einen hinreißenden Meer- und Küstenblick; an Wochenenden bevölkern Einheimische das Wäldchen um die Einsiedelei mit Picknickgelagen *(enge Auffahrt gegenüber dem Restaurant Can Costa).*

Die romantische Hafen- und kieselige Badebucht *Port de Valldemossa* **[129 E2]** erreicht man nach 7 km Serpentinenkurverei von der C-710. An ihr liegt auch das Herrenhaus ★ *Son Marroig* **[129 E2]**, der einstige Altersruhesitz des Erzherzogs Ludwig Salvator, heute Museum zu seinem Gedächtnis. Der idyllische Garten mit Marmortempelchen lohnt allein schon den Besuch *(tgl. 9.30–14 und 15–18 Uhr, Eintritt 2,10 Euro).* Mit Erlaubnis des Pförtners dürfen Sie den Privatweg hinunter zu der

täuserklosterkirche und Turm der Pfarrkirche in Valldemossa

Ein seltsames Paar

Oder wie Valldemossa durch eine Hassliebe zum Wallfahrtsort wurde

Wie ist es möglich, dass Schweine mehr Aufmerksamkeit genießen als Menschen? So geschehen auf der Schiffspassage von Palma nach Barcelona 1839. George Sand ereifert sich in »Ein Winter auf Mallorca« seitenlang über die Hingabe von Kapitän und Mannschaft an eine Ladung Schweine und den Mangel an Mitgefühl für ihren kranken Gefährten Frédéric Chopin. Kein gutes Haar lässt sie an den Mallorquinern, die aus ihrer Sicht habgierig, engstirnig, spießig und grob sind. Zwar beschreibt Sand auch Mallorcas landschaftlichen Zauber, in den sie trotz vorwiegend verregneter Wochen verliebt ist. Insgesamt ist ihr Reisebuch aber eher eine Schmähschrift. Doch getreu ihrer Abscheu vor Polemik und tiefschürfenden Diskussionen und vielleicht mit dem ihnen eigenen Geschäftssinn haben die Insulaner es verstanden, dieses Buch tausendfach zu vermarkten und die Kartause von Valldemossa zu einem Muss für jeden Mallorcabesucher zu machen.

bizarren Halbinsel *Sa Foradada* (»die Durchlöcherte«) benutzen (zwei Stunden hin und zurück). Das Restaurant *Mirador Son Marroig* nebenan bietet zwar einen tollen Blick, jedoch nur eine mäßige Küche *(Tel. 971 63 90 26, Do geschl., €€)*.

RICHTUNG ESPORLES

Puigpunyent/Galilea/ Sa Granja/Banyalbufar

Von der Via Cintura aus in Richtung Esporles zweigt eine Straße nach Establiments ab, die nach rund 10 km *Puigpunyent* **[129 D4]** erreicht. Das Dorf selbst (1200 Ew.) versammelt einige sehr schöne alte Gutsbesitze um sich herum. Einer von ihnen wurde 1998 von seinem US-amerikanischen Eigentümer in ein pompöses Hotel umgewandelt: *Son Net,* Superluxus in 6 Suiten und 15 Doppelzimmern, Gourmetrestaurant *(Tel. 971 14 70 00, Fax 971 14 70 01, son.net.@jet.es, €€€)*. Mit dazu beigetragen, den Ort aus seinem Dornröschenschlaf zu wecken, haben die Besitzer des privaten Naturparks *La Reserva Galatzó* mit einem Wander- und Naturlehrpfad. Eine der Attraktionen sind Bären, die eigentlich gar nicht zur Inselfauna gehören.

Nur 4 km, über einen kleinen Pass hinweg, trennen Puigpunyent von *Galilea* **[134 C3]**, dessen biblischer Name für Abgeschiedenheit steht. Der Ort am Hang (150 Ew.) ist vor allem Zweitwohnsitz von Ausländern, denen es der traumhafte Blick von fast jedem Haus bis zum Meer hinter Peguera angetan hat. Mittelpunkt ist der

Kirchplatz mit der einfachen, aber guten *tapa*-Bar *Parroquial*.

Esporles **[135 D2]** hat eine viel zu große Kirche und hübsche Blumengärten. Bekannt wurde das Dorf (3500 Ew.) durch das nahe gelegene Landgut *La Granja,* einen der touristischen »Klassiker« der Insel. Römisch-arabischen Ursprungs, gehörte es im 13. Jh. dem Zisterzienserorden; seit Jahrhunderten ist es in privatem Besitz. Seit den 1970er-Jahren ist es ein Freilichtmuseum, in dem *Handwerkerstuben* und *Herrschaftssalons* besichtigt werden können *(tgl. 10–18 Uhr, Eintritt 7 Euro).* Hotels: *Central,* Pension mit 18 Betten, an der Kirche *(Tel. 971 61 02 02, €);* ◁◁ *La Posada del Marqués,* abgelegenes 34-Betten-Fincahotel mit phantastischem Weitblick und Restaurant in alter Ölmühle *(etwa 4 km von Esporles entfernt, Tel. 971 61 12 30, Fax 971 61 12 13, €€–€€€).* Unweit der Kirche versteckt sich das *Mesón La Villa.* Sein Baby-Spanferkel (Cochinillo de Segovia) kommt aus dem alten Holzkohleofen, der den Essraum im Parterre gemütlich macht. *Carrer San Pedro, 5, Tel. 971 61 09 01, €*

Banyalbufar **[129 D3],** rund 11 km nordwestlich von Esporles, an der Traumstraße zwischen Andratx und Kap Formentor, zählt 500 Einwohner und liegt auf schön anzusehenden Terrassen aus maurischer Zeit hoch über der Küste. Nahezu ein Drittel des Gemeindegebiets hat der britische Milliardär Richard Branson aufgekauft, der hier ein noch nicht genehmigtes Luxushotel bauen will. Bislang wohnt es sich angenehm im Hotel *Mari Vent* mit 43 Betten, Pool und Tennis *(Tel. 971 61 80 00, Fax 971 61 82 01,*

€ €€). Direkt an der C-710 in Richtung Estellencs steht die ◁◁ *Talaia de Ses Ànimes,* ein romantischer Wachtturm aus der Piratenzeit mit herrlichem Meerblick.

RICHTUNG ANDRATX

Gènova/Ses Illetes/Portals Nous/ Palmanova/Magaluf/Santa Ponça/ Peguera/Camp de Mar/Andratx/ Port d'Andratx/Sant Elm

Die Westautobahn Via Cintura Oeste, die später in die C-719 übergeht, verbindet Palma mit den fast ganz zusammengewachsenen Küstenorten der Gemeinden Calvià und Andratx.

Gènova **[135 D4]** liegt wie ein Vorort von Palma auf einem Hügel der Serra na Burguesa. Bekannt ist der Villenort für seine vielen urigen Kneipen und Esslokale. Zwei von ihnen: *Mesón Can Pedro,* gute Hausmannskost in rustikalem Rahmen *(Tel. 971 40 24 79, Do geschl., €); La Ximbomba,* mit Garten, Varianten des *pa amb oli* und gelegentlicher Livemusik *(an der Durchgangsstraße, €)*

Ses Illetes **[135 D4],** mit 8 km Entfernung von Palma immer noch stadtnah, ist ein kleiner, dicht bebauter Badeort. An seinem Westende liegt *The Anchorage Club Bendinat,* ein feudaler Privatclub; wer im Restaurant konsumiert, kann ihn besichtigen. Hotels: *Bonanza Parc* und *Platja,* zwei Sporthotels mit insgesamt 772 Betten, Tauchschule, Wanderprogramm, Schönheitsfarm; Haltestelle für den Bus nach Palma vor der Tür *(Tel. 971 40 11 12, Fax 971 40 56 15, €€); Bon Sol,* im spanischen Stil, Terrassengarten, 190 Betten *(Tel.*

971 40 21 11, Fax 971 40 25 59, €€). Real Golf Bendinat heißt der 18-Loch-Platz in ungefähr 2 km Entfernung, Greenfee 54 Euro (Tel. 971 40 52 00).

⭐ Port de Portals nennt sich der mondäne Yachthafen unterhalb der Siedlung Portals Nous [134–135 C–D4]. Er zieht alle an, die sehen und gesehen werden möchten, auch Spaniens Königsfamilie; die Liegeplätze sind die teuersten der Insel. Dazu passen die

Yachten in Port de Portals

Edelboutiquen und die Nobelrestaurants an der Hafenpromenade: Tristan, vom Michelin mit zwei Sternen für seine mediterrane Küche ausgezeichnet und sündhaft teuer, Tischbestellung (Tel. 971 67 55 47, winters Mo sowie

1.–15. Dez. und Jan. geschl., €€€); Esdi's, unter deutscher Leitung, etwas weniger teuer, ebenfalls am Kai gelegen (Tel. 971 67 69 81, €€). Im 🏃 Diablito ziehen sich vor allem junge Leute Riesenpizzen rein. Wellie's ist der (überteuerte) Treff zur copa, mit üppigen Salattellern.

Calvià [134 B–C4] ist die reichste Gemeinde Spaniens und eine der betuchtesten Europas; der Reichtum stammt vom Tourismus, der in den fünf zur Gemeinde (13 600 Ew.) zählenden Küstenorten mit etwa 60 000 Gästebetten zu Buche schlägt. Sichtbar wird die Wohlhabenheit beispielsweise im Hafen von Portals Nous und in dem großformatigen Rathaus von Calvià.

Palmanova/Magaluf [134 C4–5] ist ein riesiger Ferien-Doppelort, bevorzugtes, da preiswertes Ziel Pauschalreisender aus Großbritannien. Die palmenbestandenen Strände sind lang und schön, die Hochhauskulisse der massiv aneinander gereihten Hotels, Pubs und Snackbars gesichtslos. Die Mammutdisko 🏃 BCM in Magaluf nennt sich die größte Europas (tgl. 22–5 Uhr). Aber auch hier liegt Gegensätzliches dicht beieinander. So sind die Wasserrutschen des 🏃 Aquaparc in Magaluf benachbart mit dem 18-Loch-Golfplatz Poniente, Greenfee 55 Euro (Tel. 971 13 01 48), an der Straße nach Cala Figuera, an deren Ende Mallorcas einziges Spielkasino mit Restaurant und Nightshow im angeschlossenen Palladium liegt (Tel. 971 13 00 00, tgl. ab 20 Uhr). Teuer, aber ungewöhnlich ist eine Tauchfahrt mit dem U-Boot »Nemo« (Auskunft im Nemo-Center beim Hotel Magaluf Parc, Di–Sa 4–5 Tauchgänge, Erwachsene 67

Mallorca in Büchern

**Krimi oder Liebesroman – immer ist
Mallorca-Belletristik auch Reiseführer**

Der Dauerbrenner aller Ferienlektüre über die Insel,»Ein Winter auf Mallorca«, ist in (fast) jedem Souvenirladen erhältlich. Die Hassliebe der George Sand zu Mallorca und dessen Bewohnern im Winter 1838/39, den sie mit ihrem Geliebten Frédéric Chopin in Palma und Valldemossa erlebte und erlitt. »Geliebte Mallorquiner« heißen liebevoll amüsante Betrachtungen über die Insulaner und ihre für Nordländer nicht immer verständlichen Eigenheiten. Guy de Forestier ist das Pseudonym des katalanischen Autors.

Roderic Jeffries lebt auf der Insel und schreibt leichte Strandlektüre, Krimis (z.B. »Doppelleben auf Mallorca«), die auf Mallorca spielen. Sein Inspektor Alvarez gibt den Speisen seiner Schwester Vorrang vor der Aufdeckung eines Mordes, löst jedoch komplizierte Fälle mit mallorquinisch-stoischer Gelassenheit.

Wolf Hanke, TV-Journalist, schrieb treffende Texte zu dem großformatigen Bildband »Mallorca«. Die stimmungsvollen Fotos stammen von Brigitte und Emanuel Gronau.

Euro, Kinder bei 2 Erwachsenen frei). Neben den Beton-Hotelburgen gibt es auch feine Adressen wie etwa das von vielen Golfern frequentierte *Son Caliú,* direkt an einem kleinen Strand, mit Garten, Schönheitsfarm, 450 Betten *(Tel. 971 68 01 62, Fax 971 68 37 20, €€),* und das *Punta Negra* mit 135 Betten auf der gleichnamigen Halbinsel *(Tel. 971 68 07 62, Fax 971 68 39 19, €€).*

Santa Ponça **[134 B5]**, mit Magaluf fast verwachsen, ist ebenfalls eine einzige Bettenburg für britische und deutsche Gäste, die sich an dem gepflegten, aber zu kleinen Strand drängen. Wo die *Cruz de la Conquista* (Eroberungskreuz) steht, landete 1229 König Jaume I., bevor er Palma einnahm. Hotels: *Galatzó Mallorquin Resort,* hübsche Hotel-

und Apartmentanlage abseits von allem Rummel mit 380 Betten auf einem Hügel mit Weitblick aufs Meer, Tennis und Putting-Green *(Tel. 971 68 62 70, €€); Golf Santa Ponça,* ganz auf Golfer eingestelltes Komforthaus mit 36 Betten, gelegen auf dem öffentlichen der beiden 18-Loch-Plätze, Greenfee 55 Euro *(Tel. 971 69 02 11, Fax 971 69 48 53, €€€).*

Peguera **[134 B4–5]** hat sich durch die 1997 eingeweihte Fußgängerpromenade erheblich verschönert. Von Anbeginn zog dieser Ferienort Deutsche an, die im hügeligen Hinterland schöne Wanderwege finden. Die Strände sind in Anbetracht der vielen Feriengäste recht klein. Hotels: *Villa Ana,* ein gutes Beispiel für die vielen einfachen Familienpensionen, hintere

Reihe, 66 Betten *(Tel. 971 68 67 49, €)*; *Villamil,* komfortabel, direkt am Strand, mit Garten, 247 Betten *(Tel. 971 68 60 50, Fax 971 68 68 15, €€€)*; *Aldea Cala Fornells 1,* eine vom Stararchitekten Pedro Otzoup errichtete, verschachtelte Anlage mit 85 Apartments, liegt westlich von Peguera mit Blick auf die vorgelagerten Malgrats-Inseln *(Tel. 971 68 69 50, Fax 971 68 75 25, €€)*. Auf ihr deutsches Publikum ausgerichtet sind die vielen Bars und Restaurants, etwa *La Gran Tortuga,* Adresse für Fisch und Meeresfrüchte mit tollem Meerblick *(Tel. 971 68 60 23, Mo und Dez./Jan. geschl., €€€)*. Am Abend: *Rendezvous,* für älteres Tanzpublikum, an der Flaniermeile; 🏃 *Palladium,* die Disko für Jugendliche.

Camp de Mar **[134 A4]** ist eine gepflegte Feriensiedlung 2 km westlich von Peguera. Den kleinen, hellen Sandstrand rahmen wenige, aber hohe Hotelbauten (komfortabel und direkt am Meer: *Club Camp de Mar,* 832 Betten, *Tel. 971 23 52 00, Fax 971 23 51 10, €€)* und immer mehr Privatvillen, auch von Claudia Schiffer und anderen Prominenten. Dazu passt der neue 18-Loch-Platz *Golf de Andratx,* Greenfee 72 Euro, mit Luxushotel. Loch 2 mit Blick aufs Haus des Models heißt *Casa Claudia. Carretera Camp de Mar, Tel. 971 23 62 80.*

Insi Tip

Der letzte Ort, 26 km von Palma an der gut ausgebauten West-Schnellstraße, ist *Andratx/Port d'-Andratx* **[134 A3–4]**. Besonders schön an dem Landstädtchen Andratx (10 000 Ew.) ist sein Anblick von der C-719 mit der klotzigen Wehrkirche und den geometrisch angelegten Straßen. Touristen bevölkerten bislang vor allem mittwochs zum Wochenmarkt den Platz unterhalb der Kirche. Hübsch ist das 1998 fertig gestellte Rathaus mit botanischem Garten im ehemaligen Herrenhaus *Son Mas.* Fremde, namentlich solche mit Zweitwohnsitz, treffen sich vorzugsweise in dem 5 km entfernten Hafenort *Port d'Andratx* (1000 Ew.). Eigentlich wäre der fast kreisrunde Hafen mit Fischkuttern und Yachten eine Augenweide. Doch sind ihm die letzten Jahre nicht sonderlich gut bekommen. Die Wälder der umlie-

Und abends mit Beleuchtung: Speisen im Restaurant El Patio in Andratx

Blick von Sant Elm auf die Insel Sa Dragonera

genden Hügel wichen millionenschwere Villen, auch vieler Prominenter, der Hafenort wucherte mit seinen Designerläden und Modeboutiquen aus. Verträumt ist hier nichts mehr; Spötter bezeichnen den Hafenort in Anlehnung an den »Hamburgerhügel« bei Felanitx als »Düsseldorfer Loch«. Die Qualität der meisten Hafenrestaurants hat gelitten; das *Layn* an der Hafenmole ist immer noch ganz gut mit seinem Innenhof, mit Meerblick und regionaler Küche *(Tel. 971 67 18 55, Di geschl., €€);* das *Galicia* bei der Kirche hat zwar Kantinencharakter, aber frischen Fisch zu annehmbaren Preisen *(€€).* Hotels: *Villa Italia,* zum (neu)reichen Ortsambiente passendes, über dem Meer thronendes 44-Betten-Komforthaus am Ortsende *(Tel. 971 67 40 11, Fax 971 67 33 50, €€€);* *Catalina Vera,* einfaches *hostal,* versteckt im oberen Ortsteil *(Tel. 971 67 19 18, €).* Strände gibt es nicht; man weicht aus auf die Klippen der Halbinsel Sa Mola und per Boot auf die Nachbarbuchten. Das hügelige Hinterland der Cala Llamp wurde zu einer riesigen Baustelle. Hier lassen sich reiche Ausländer millionenschwere Luxusvillen errichten und zahlen bis zu 5100 Euro pro Quadratmeter Wohnfläche.

Sant Elm **[128 A5]** ist der westlichste Inselort (und mit 90 Einwohnern auch einer der kleinsten), leider durch einige Bauten verunziert, jedoch einigermaßen beschaulich geblieben. Der graue Sandstrand am Ortseingang ist nur in den Hochsommermonaten voll. Drei verschiedene Wanderwege führen zum nahen Kloster *Sa Trapa,* das unter der Obhut des GOB steht. Hotel: *Dragonera,* am Meer gelegene, einfache Pension mit 48 Betten und Restaurant *(Tel. 971 23 90 86, Fax 971 23 90 13, €).*

Die Sant Elm vorgelagerte Insel ★ *Sa Dragonera* **[128 A5]** ist seit 1995 ==Parc Natural== und völlig unbebaut. Auf dem 4,2 km langen, bis zu 1 km breiten Eiland leben endemische Eidechsen- und viele Vogelarten; sie ist im Sommer mit dem Fährschiff »Margarita« in 20 Minuten zu erreichen *(Mai–Sept. Di–Do und Sa/So ab 10.15 Uhr stündlich, Okt.–April einmal tgl. außer So, 7,80 Euro).*

Geschichte und Gesichter

Die Touren sind in der Karte auf dem hinteren Umschlag und im Reiseatlas ab Seite 124 grün markiert

1 BILDER AUS TAUSEND-UNDEINER NACHT

Dreierlei auf einen Streich können Sie auf dieser Fahrt besichtigen, **entdecken, erfahren: die »Muss-Orte« der Insel, Sóller, Deià und Valldemossa, einzigartige Relikte arabischer Gartenarchitektur und Lehrreiches über die balearische Flora auf einem 90-km-Tagesausflug ab Palma mit dem Auto und zu Fuß.**

Die C-711 verbindet Palma mit Sóller; an ihr, bei Kilometer 12, gehts links ab zu den Gärten von *Raixa (S. 87)*. Endlich ist sie wieder öffentlich zugänglich, die verwilderte und verwunschene Pracht des ursprünglich arabischen Besitzes, dessen heutige Gestalt dem Kardinal Despuig zu verdanken ist; er veränderte ab 1797 Schloss und Garten nach italienischem Renaissancevorbild. Kaum besucht sind Freitreppe, Teiche und Wasserspiele sowie der Innenhof des Herrenhau-

Solch großartigen Ausblick genoss auch schon Erzherzog Ludwig Salvator von seinem Altersruhesitz in der Nähe von Valldemossa

ses mit seiner hübschen Fassade: ein märchenhafter Ort der Ruhe. Heute ist er in mallorquinischem Familienbesitz *(Mi–So 11–19 Uhr, winters bis 17 Uhr, Eintritt 3 Euro)*.

Nur ein paar Kilometer weiter, kurz vor der Ampel zum Tunnel nach Sóller, laden die *Jardíns d'Alfabia (S. 88)* zum Träumen ein. Auch diese Gärten sind arabischen Ursprungs. Lauschige Pergolen, haushohe Palmen, meterhohe Bambushaine säumen Teiche, Seen, Bäche; es grünt und blüht in diesem gesegneten Park mit seinem verzauberten Schlösschen. Die schöne Holztäfelung mit arabischen Schriftzeichen im Torturm kündet noch von der maurischen Vergangenheit.

Im Nu sind Sie durch den 3,5 km langen Autotunnel in Sóller *(S. 47)* und damit bei Kilometer 30 auch schon im *Jardí Botànic de Sóller*, dem 1992 eingeweihten botanischen Garten. Eine bessere Einführung in die Inselvegetation können Sie nicht haben. Hier finden Sie alle Biotope der Insel, vom Feuchtgebiet bis zu steinigen Hochgebirgszonen, mit allem, was dort gedeiht, eine Abteilung mit aromatischen und essbaren Pflanzen und immer wieder endemische, also nur hier wachsende, im Einzelfall gar vom Aussterben bedrohte Arten. Das angeschlossene Institut kann sich rühmen, eine der vier großen Samenbanken Spaniens zu besitzen mit allen endemischen Arten der Balearen und der Kanaren. Vom  Museum des Gartens öffnet sich ein herrlicher Weitblick auf Sóller und die ausgedehnten Zitrushaine rings um die Stadt: eine riesi-

Reifende Orangen im Tal von Sóller setzen im Winter leuchtende Akzente

ge Orangerie im windgeschützten Talkessel, gerahmt von mächtigen Tausendern. In den Wintermonaten leuchtet das Orange und Gelb der Früchte zwischen dem Ocker der Sandsteinhäuser *(sommers Di–Sa 10.30–13.30 und 17–20, So nur vormittags, winters Di–Sa 10–14 und 15–17.30, So 10.30–13.30 Uhr; Eintritt 1,80 Euro).*

Von Sóller schraubt sich die (gegen den heftigen Protest von Umweltschützern) begradigte und verbreiterte C-710 in Richtung *Deià (S. 38)* den Berg hinauf. Die berühmte Küstenstraße der »Costa Brava Mallorcas« windet sich über dem kleinsten Inseldorf *Lluc Alcari (S. 39)* nach Deià, dessen Nobelhotels *La Residencia* und *Es Molí*

ebenfalls inmitten herrlich blühender Gärten liegen, aber keineswegs nur ihretwegen einen Cafébesuch wert sind.

Auch das nächste Ziel lohnt einen Besuch: das Herrenhaus *Son Marroig (S. 89),* etwas oberhalb der »durchlöcherten Halbinsel« (Sa Foradada) gelegen, einst Altersruhesitz des Erzherzogs Ludwig Salvator. Im Garten hinter dem Museumshaus mischen sich Blumenduft und Meeresbrise, macht der Weitblick aufs Meer durch das Marmortempelchen die Seele weit.

Eindrucksvoll, egal zu welcher Jahreszeit, sind auch die für die Öffentlichkeit freigegebenen Räume des Herrenhauses: Das Dunkel der Eingangshalle wird vom Garten her durch Sonnenlicht durchbrochen, auf Tafeln kann der Besucher die Geschichte des Erzherzogs (auch in Deutsch) nachlesen. Der Blick aus den hohen Fenstern des ersten Stockes mit einer von Bögen gerahmten Loggia geht hinaus zum Tempelchen und weit über Küste und Meer. Ausgestellt ist hier das zunächst siebenbändige, später auf zwei Bände reduzierte Kolossalwerk »Die Balearen in Wort und Bild« aus der Feder des Erzherzogs, außerdem viele seiner naturkundlichen Werke und Illustrationen. Ganz versteckt liegt am Ende des Besuchergangs dann das Schlafgemach des vielseitigen Genies.

Eingekeilt in die Menschenscharen, die sich durch die Klosterräume der *Cartuja* in Valldemossa *(S. 88)* schieben, gerät der Besucher leicht ins Schwitzen. Aber egal, da muss durch, wer Chopins Winterquartier von 1838/39 mit den zauberhaften Terrassengärtchen vor den Zellen erleben will.

Von Valldemossa aus verläuft Mallorcas prächtige Panoramastraße mehr im Landesinneren. Nach etwa 8 km weist ein Schild nach *La Granja (S. 91)*, einem zum Museum ausgebauten alten arabischen Herrensitz. Seine Gartenanlagen werden von Wildwasserläufen und Quellen der umliegenden Berge gespeist, sein Grün bleibt auch unter sengender Sommersonne erhalten, und seine Fontänen und Laubengänge erinnern an die arabischen Gründer. Wer kann und mag, hängt jetzt noch eine Wanderung dran oder wählt sie alternativ zu La Granja.

Nur 9 km sind es von La Granja aus nach *Puigpunyent (S. 90)* – aber die haben's in sich auf der schmalen Bergstraße. In Puigpunyent ist die *Reserva Galatzó (S. 90)* ausgeschildert, die Sie nach rund 15 Min. Autofahrt erreichen. Es ist einer der gelungensten Ferienparks der Insel mit über 250 ha bergiger Naturlandschaft unterhalb des 1026 m hohen Galatzó. Der Park wurde nicht nur mit einem Wanderpfad ausgestattet, sondern auch mit künstlichen Wasserfällen versehen; außerdem stellte man Tafeln auf, die über Flora und Fauna informieren. Auf dem etwa zweistündigen Rundwanderweg kommen Sie an 16 Verweilstationen vorbei, vom Köhlerplatz über Brunnen bis zu einem perfekt ausgestatteten Picknickplatz, an dem sogar Grillgut, Salz und Pfeffer sowie Getränke zu kaufen sind *(Mi–So 10 Uhr bis zum Einbruch der Dunkelheit, Dez. geschl., Erwachsene 7 Euro, Kinder 3,50 Euro)*.

Über Puigpunyent und Establiments erreichen Sie die Via Cintura, die Ringautobahn um Palma.

2 DIE LAND-UND-LEUTE-ROUTE: BAUERN, WINZER, FISCHER

Mitten hinein ins Inselinnere zielt diese 125-km-Tagestour mit dem Auto von Sineu aus, in die große Ebene Es Plá und dann weiter in den tiefsten Süden: Sie begegnen Insulanern, die allenfalls indirekt mit dem Fremdenverkehr zu tun haben. Strände liegen auch auf dem Weg: Vergessen Sie nicht, Ihre Badesachen mitzunehmen.

Startort ist *Sineu (S. 73)* im geografischen Zentrum der Insel, und zwar am besten mittwochs, weil nur an diesem Tag Bauern von nah und fern zum ältesten und bedeutendsten Viehmarkt der Insel strömen. Wer wirklich früh kommt, so gegen 8.30 Uhr, ist dabei, wenn gefeilscht wird um Küken und Kuh, Schaf und Schwein. Ab 10 Uhr, wenn sich ganze Busladungen von Touristen über den Markt ergießen, sollten Sie schon 7 km weiter südlich sein, in *Sant Joan (S. 73)*, und in der Dorfmitte dem Schild mit der Aufschrift *Els Calderés (S. 70)* folgen. Es führt zu einem prächtigen Gutsbesitz, der 1992 zur Museumsfinca umfunktioniert wurde. Ein riesiger Weinkeller (mit Verkostung) zeugt von einträglichen Weinbauzeiten, denen freilich die Reblausplage um die Wende zum 20. Jh. ein Ende bereitete. Eine enorme Kornkammer mit landwirtschaftlichen Produkten und Geräten veranschaulicht das anschließende Umsatteln der Gutsherren auf Getreideanbau. Das Eintrittsgeld ist gut angelegt, zumal das mehrhundertjährige, sehenswerte Interieur erhalten geblieben ist.

Weiter in Richtung Süden stoßen Sie auf die C-715; dort künden verrußte Öfen und Berge von *tejas* (Ziegeln) von einem alten, aber immer noch aktuellen Handwerk: der Ziegelbrennerei. Ihr Zentrum ist das Melonendorf *Vilafranca de Bonany (S. 70)*, an dessen Durchgangsstraße beiderseits originell mit Tomaten, Knoblauch und Paprika bezopfte Gemüsestände leuchten. Führte der Weg bislang durch weite Kornfelder, werden diese jetzt abgelöst durch Mandel-, Feigen- und Johannisbrotbäume; die ersten Weinfelder tauchen auf. Die Gegend um Petra, Porreres und Felanitx ist Hauptanbaugebiet für Weißweine; die besten Bodegas (*Mesquida* in Porreres, *Oliver* in Petra) werden inzwischen von guten Restaurants geführt.

Im Ortszentrum von Felanitx *(S. 51)* weisen Richtungsschilder auf *Cerámicas Mallorca (Carrer Augustí)* hin, die bedeutendste Keramikwerkstatt mit Verkaufsraum dieses schon seit Araberzeiten für seine Fliesen- und Keramikherstellung berühmten Ortes. Zur Mittagszeit unbedingt das preiswerte und gute Tagesmenü oder die Paella in Juanitos *Mercat (hinter der Markthalle, €)* probieren!

Der Hafen von Felanitx heißt *Portocolom (S. 53)* und liegt 13 km südöstlich. Er ist trichterförmig und gerahmt von bunt bemalten Bootsschuppen der nach wie vor ihren Beruf ausübenden Fischer. Fangfrischen Fisch serviert beispielsweise das Restaurant *Sa Sinia*. Wer ums Hafenbecken herumfährt, erreicht die *Cala Marçal (S. 52)* zum Baden.

Wenn Sie es damit nicht eilig, dafür aber eine besonders schöne Naturbucht im Sinn haben, dann empfiehlt sich die Weiterfahrt über Santanyí zur *Cala Mondragó (S. 64)*. Der Weg durch die Serra de Llevant führt über die blumengeschmückten Dörfer S'Horta, Calonge und S'Alquería Blanca bis zum Ortsanfang von *Santanyí (S. 62)*. Hier folgen Sie dem Straßenschild in Richtung Cala S'Amarador/Cala Mondragó. Die für den Inselsüden typische Straße, gesäumt von Bruchsteinmauern *(parets seques)*, endet nach ungefähr 5 km am Schlagbaum des Parkplatzes der Cala Mondragó. Zu Fuß gehts noch etwa 500 m durch duftenden Pinienwald in die hintere der beiden Buchten, gegen deren geplante Verbauung der GOB mit Erfolg kämpfte und die dann 1992 zum *Parc Natural* erklärt wurde. Beide weißen Sandstrände sind durch einen Fußweg verbunden.

Auf dem Rückweg nach Santanyí zweigt links eine Straße ab nach *Cala Figuera (S. 63)*, dem nächsten Ziel. Es ist der zweite Hafen dieser Tour, bilderbuchschön und zu Santanyí gehörend. Noch immer hocken hier die Fischer und flicken ihre Netze, dümpeln die für Mallorca typischen *llaüts*, weiße Fischerboote mit lateinischem Segel, vor sich hin, können Sie am späten Nachmittag die mitgebrachte Beute bestaunen. Die *Bon Bar* bietet nicht nur einen schönen Blick, sondern auch gutes Eis.

Zurückgekehrt nach Santanyí, folgen Sie dem Hinweisschild zur Colònia de Sant Jordi und erreichen über den Weiler Llombarts das Dorf *Ses Salines (S. 65)*. Sollte am Ausflugstag kein Badewetter sein, bietet sich hier entweder ein Besuch des *Botanicactus (S. 65)* oder die Einkehr in *Manolos chaotisches Schlemmerreich* an. Immer voll, immer eng, aber auch immer gut ist diese winzige Kneipe, die sich auf gegrillte Meeresfrüchte und Köstlichkeiten in der irdenen *greixoners* spezialisiert hat. Der *arrós de notario* hat seinen Namen vom Dorfanwalt, der sein Reisgericht stets mit Hummer verfeinert haben wollte. Ihm und Manolo sei Dank dafür – für diesen Topf fahren Kenner meilenweit.

Weiter geht es Richtung Campos, nach 4 km an der Kreuzung links dem Schild für Colònia de Sant Jordi folgen und nach etwa 1 km rechts abzweigen nach *Es Trenc (S. 60)*. Ganz flach ist hier die Insel und fast baumlos. Sie tauchen ein in das nur von Vogelschreien unterbrochene große Schweigen der Salzseen, der *Salines de Llevant*. 8000 t Salz werden hier jährlich gewonnen. Die weißen Salzberge und die rosa-blaugrauen Verdunstungsseen liegen vor dem völlig unbebauten, ebenfalls durch GOB-Initia-

tive geretteten Sandstrand von Es Trenc. Hier können Sie den Tag ausklingen lassen, in Dünen wie auf Sylt und dem türkisfarbenen Wasser einer sichelförmigen Traumbucht, die gegen Abend diesen Namen wirklich verdient, weil sie dann nicht mehr so stark besucht ist wie tagsüber. Wer auf dem Restaurantparkplatz parkt und etwas verzehrt, spart die sonst hohen Parkgebühren. Auf dem Rückweg über *Campos (S. 59)*, rund 8 km, sollten Sie noch zweimal stoppen, zuerst an der PM 604 bei Kilometer 7. *Formatges Burguera* heißt eine Molkerei mit schwarzbunten Kühen und eigener Käserei. Die Gebrüder Jaume und Sebastià stellen eine milde Käsesorte undden so genannten *recesón,* einen hervorragenden Quark, her, den man im Lädchen erstehen kann. Auch der zweite Halt gilt kulinarischen Genüssen, nämlich der inselweit für ihre Süßigkeiten berühmten *Konditorei Pomar* in Campos.

Variationen von Weiß bestimmen das Bild im Gebiet der Salinen

Aufsitzen, Eintauchen, Abheben

Gute Beweggründe nicht nur für faules Strandleben: Auch Fitnessferien sind auf Mallorca möglich

Nichts geht mehr außer dem Meer, wenn im Hochsommer das Thermometer die 40-Grad-Marke erreicht. Kein Wunder, daß Schwimmen, Schnorcheln und Tauchen, Segeln und Surfen und jede Menge Spaß im Wasser ganz oben auf der Wunschliste der Gäste stehen. Inselregierung und Tourismusmanager sehen das mit gemischten Gefühlen, sie wünschen sich das Ganzjahresziel Mallorca. Ihr Zauberwort heißt Aktivurlaub. Schließlich erlauben die klimatischen Bedingungen fast alle Sportarten, zu Wasser, zu Lande und in der Luft.

FLIEGEN

Graublaue Berge, blausilbernes Meer und das Grün der Bäume auf Mallorcas roter Erde – schon der Anflug auf die Insel lässt Fliegerherzen höher schlagen. Abheben – aber gewusst, wo:

Ballonfahren

Frühmorgens, wenn kein Wind weht, geht es los mit dem Heißluftballon. Eine geruhsame Schwebestunde in 150 bis 500 m Höhe kos-

Segeln und Surfen können Sie an vielen Stränden lernen

tet 125 Euro. Anmeldung (eine Woche vorher!) bei *Mallorca Balloons, Cala Rajada, Carrer Can Melis, 22, Tel. 971 81 81 82, Fax 971 56 53 32*

Drachenfliegen & Paragliding

Wie ein Vogel über die Insel gleiten können auch Feriengäste, die niemals einen Drachen *(ala-delta)* oder Gleitschirm *(parapente)* ausprobiert haben. Óscar Martínez nimmt sie im Tandemflug vom Puig de Sant Martí bei Alcúdia huckepack. 10–20 Min. Ersterfahrung kosten 51 Euro. *Escuela de Parapente Alfabia, Camino del Puig, s/n, Apartado 95, 07400 Alcúdia, Tel./Fax 971 89 13 66, Tel. 971 27 70 30*

GOLF

Bis in die 1970er-Jahre war Golf ein nahezu unbekannter Sport auf der Insel. Mit mittlerweile 18 Plätzen hat sich Mallorca inzwischen zu einem neuen europäischen Golfmekka gemausert. Zu viele, meinen Umweltschützer und führen das Bewässerungsproblem und den vermehrten Gebrauch von Pestiziden an. Noch nicht genug, kontern die Betreiber und verweisen auf Bestimmungen, nach denen neue

Plätze ausschließlich mit geklärtem Brauchwasser berieselt werden dürfen. Die Site *www.mallorcagolf.com* informiert über die Golferszene auf Mallorca.

INLINESKATING

Parallel zur gut 5 km langen Hafenpromenade von Porto Pi bis El Molinar in Palma sowie entlang der 12 km langen Strandpromenade der Platja de Palma haben Cracks ihre eigenen Wege. Dort sind Feriengäste in bunter Gesellschaft mit Mallorcas Jugend.

RADFAHREN

Der Berg ruft – nun auch die Radfahrer. Angespornt durch Olympiagold und -bronze des einheimischen Bahnradsportlers Joan Llaneras und der Mountainbikerin Marga Fullana, brausen jedes Jahr mehr einheimische Jugendliche in bunten Hosen mit ihren Sporträdern über die Inselpässe. Zu ihnen gesellen sich im Winterhalbjahr an die 70 000 Ferienradler, vor allem aus Deutschland und der Schweiz, die in Pulks die Bergstraßen okkupieren – zum Schrecken vieler Autofahrer. Die Inselregierung setzt auf umweltverträglichen Tourismus und will ein Radwegenetz ausbauen. Das eigene Fahrrad mitzuschleppen ist nicht unbedingt nötig, wenn, muss es jedoch bei Veranstaltern und Fluggesellschaften angemeldet werden. Radausleih ist in jedem Badeort möglich, vom einfachen Tourenrad *(Trekking- oder Mountainbike, pro Tag ca. 7 Euro)* bis zur Rennmaschine *(Typ Corredor, pro Tag ca. 12 Euro)*. Eine Broschüre der Inselregierung mit dem Titel »Fahrradtourismus« ist in den Tourismusinfos kostenlos erhältlich. Sie beschreibt mit Text und Skizze zehn ==reizvolle Fahrradtouren== quer über die Insel. Die Hotels Delta bei Cala Blava (Max-Hürzeler-Team), Playa de Muro und Alcúdia Park im Norden sind komplett auf Radurlauber eingestellt und veranstalten gelenkte Radwanderwochen. Beste Jahreszeit für Radler: Ende September bis Anfang Juni.

Insid Tipp

REITEN

Am Saum des Meeres entlangzugaloppieren ist der Traum vieler Urlauber. Ranchos oder Clubs Hípic, die es in fast allen Tourismuszentren gibt, verhelfen dazu. Weil jedoch fast die ganze Insel in Privatbesitz und vieles abgezäunt ist, sollte man sich geführten Ausritten anschließen. Drei besondere Adressen: Der Reiterhof *Son Menut* von Toni Barceló in Felanitx leiht Kennern feurige andalusische Hengste *(Tagesausritte inkl. Verpflegung 84 Euro, Camí de Son Negre)*. In der *Reitschule von Pollença* gibt es jede Woche eine Dressurshow. In der zum Sporthotel umgebauten Finca *Predio Son Serra* in Can Picafort stehen Reitwochen und -kurse im Mittelpunkt.

TENNIS

Kaum ein Hotel, das auf sich hält, kommt ohne Tennisplatz aus. Ein Highlight unter den Anbietern: das ==*Tennis Center Peguera.*== Hier bietet die von Tommy Haas eröffnete *Tennis-Academy* im Sport-Scheck-Aktiv-Club Kurse für Anfänger und Könner gleichermaßen mit Spielanalysen per Video an. Fünfmal 90 Min.

Insid Tipp

kosten ca. 150 Euro, zehnmal 90 Min. etwa 250 Euro. *Peguera, Carrer Joaquim Blume, s/n., Tel. 971 68 77 16, Fax 971 68 75 74, est.fabi@terra.es*

WANDERN

Schritt für Schritt die Insel erkunden, auf uralten Hirten- und Pilgerpfaden, Reit- und Fußwegen, Jägersteigen und ehemaligen Schmugglerrouten – welchen Wanderer lockt das nicht? Weil jedoch fast alle Wege durch Privatbesitz führen, ist es sinnvoll, sich einer organisierten Gruppe anzuschließen oder sich zumindest mit einem der zahlreichen Wanderführer in Buchform zu versehen. Zu empfehlen ist die »Kompass-Wanderkarte Mallorca« im Maßstab 1:75 000 aus dem Deutschen Wanderverlag.

Wandern ist beliebt auf Mallorca

SEGELN

Über 40 Yachthäfen, dazu im Sommer meist gleichmäßige Winde sowie seltene plötzliche Wetterumschwünge machen das Meer um die Insel zu einem tollen Segelrevier. Eifrige Skipper schaffen den Inselrundtörn in einer Woche. Yachtcharter in allen größeren Häfen (für eine 10-Meter-Yacht für 4 Personen zahlt man ab 1250 Euro pro Woche in der Nebensaison, ca. 1750 Euro im Hochsommer). Älteste und größte Segelschule der Insel (und des Mittelmeeres) ist *Sail & Surf* in Port de Pollença. Das Angebot von Gottfried und Gisella Möller reicht vom Schnupperkurs (188 Euro) bis zum Wochentörn um die Insel (495 Euro inklusive Käptn's Dinner).

SURFEN

Dieselbe Schule bietet auch Surfkurse an (Grundkurs: 160 Euro), 40 Bretter stehen bereit und eines der besten Reviere für diesen Sport, die kreisrunde Bucht von Pollença mit hervorragender Thermik. Andere, sehr gute Gebiete für Windsurfer sind die Buchten von Cala Millor, Palma und Es Trenc; in diesen Buchten gibt es ebenfalls Surfbrettverleih und Surfkurse.

TAUCHEN

Lohnende Reviere findet man im Südwesten, z. B. bei der Insel Dragonera *(Tauchbasis El Buceo, Port d'Andratx, Tel. 971 67 42 17)* und im Norden, z. B. bei Formentor und Cala Sant Vicenç (In der Tauchbasis Los Pingüinos kostet ein Anfängerkurs im Einzelunterricht 167 Euro, Gruppen erhalten Rabatt).

Durch den Teufelsschwanz ins kühle Nass

Badespaß und Ausflugsziele für Eltern mit kleinen und großen Kindern

Ein Kinderlächeln – und schon hellt sich das Gesicht eines schlecht gelaunten Kellners, eines stressgeplagten Zimmermädchens auf. Spanien ist ein extrem kinderfreundliches Land. Lange, flache Sandstrände und kleine, überschaubare Buchten, ein Hinterland mit mehr als einem Dutzend Freizeit- und Naturparks, Sportangebote ohne Ende und ein gut ausgebautes Straßennetz für Ausflüge mit dem Leihwagen machen Mallorca zu einer der ersten Adressen für Familienferien im Mittelmeerraum.

Dazu kommen an Kinder angepasste Speisenkarten in Restaurants, eine nahezu lückenlose medizinische Versorgung und durch die Mitgliedschaft in der EU ein Warenangebot, das sich kaum vom gewohnten unterscheidet. Und selbst die für Spanier üblichen späten Essenszeiten am Abend machen heute Eltern kein Kopfzerbrechen mehr: Erstens gibt es ein Riesenangebot an Ferienwohnungen, Apartments und Landhäusern zur Selbst-

Kinder buddeln gern, aber es gibt auch noch andere Attraktionen

versorgung, und zweitens haben sich die meisten Restaurantbesitzer umgestellt und öffnen für ausländische Feriengäste sehr früh. Kindermenüs und Kinderhochstühle gehören bereits zur Standardausrüstung, und wo nicht, wird improvisiert, türmen sich zwei, drei Plastikstühle übereinander – und fertig ist der Kinderhochstuhl.

DER NORDEN

Binifaldó [124 C4]

Ein Autoausflug zum Kloster Lluc mit dem Gesang der Chorknaben lässt sich verbinden mit einem Picknick bei Binifaldó, einem der **Insider Tipp** am besten ausgerüsteten Plätze der Insel mit Grillrosten, Tischen und Bänken, Toiletten und einem Kinderspielplatz in herrlicher Hochgebirgslandschaft; tolles Klettergelände. *(bei Kilometer 17, rechts an der Landstraße Pollença–Lluc)*

Hidropark [124 B6]

Weithin sichtbar sind die Gerüste des Hidroparks, des kleinsten der drei Inselwasserparks bei Port d'Alcúdia; er ist ein bisschen in die Jahre gekommen, dabei aber teuer. Ihren Preis wert ist hingegen die angeschlossene 54-Loch-Minigolfanlage im Grünen. *Avinguda Tucán, Tel. 971 89 16 72, Juni–Sept. tgl. 10 bis 18 Uhr, Erwachsene 12,50 Euro, Kinder 6,60 Euro*

Can Planes [124 B6]

Das 1998 in Sa Pobla eröffnete bildschöne Kulturzentrum *Can Planes* birgt eine Sammlung von 4000 historischen Spielzeugen *(Carrer Antoni Maura, 6, tgl. außer Mo 10–14 und 16–20 Uhr, Eintritt 3 Euro).* Mädchen werden die alten Puppenstuben im mallorquinischen Stil, Jungs die nostalgischen Eisenbahnen und Autos begeistern. Und die Eltern werden so manch ein Spielzeug aus ihrer Kindheit, made in Germany, wiedererkennen.

DER OSTEN

Acuàrio de Mallorca [124 C4]

Ziemlich verblichen ist der Charme dieser nicht allzu gepflegten Anlage mit über 100 Aquarien auf zwei Stockwerken; dennoch lohnt ein Besuch an Schlechtwettertagen für alle, die die Unterwasserwelt fasziniert *(150 m entfernt von den Drachenhöhlen in Portocristo, ausgeschildert, tgl. 10–18.30, winters 11–15 Uhr, Erwachsene 4,20 Euro, Kinder 2,10 Euro).*

Exotic Parque [124 B6]

Wer 15 Cent in den Automaten wirft, darf Tierkinder im Streichelzoo füttern. Auf dem großen Spielplatz steht das Trampolin selten unbenutzt. Papageien zeigen ihre Kunststücke in kleinen Shows *tgl. 11.30 und 13 Uhr. Abzweigung Cales de Mallorca an der Carretera*

Portocristo–Portocolom, tgl. 10 bis 19 (winters bis 17) Uhr, Erwachsene 6,60 Euro, Kinder 3 Euro

Safarizoo Mallorca [139 D1]

Der 40 ha große Park mit afrikanischen Tierarten von Affen bis Giraffen kann mit dem Leihwagen oder im Bus durchfahren werden. Ein Affentheater gibt es, wenn Mantelpaviane aufs Auto springen und mit Scheibenwischer und Rückspiegel spielen. Aussteigen verboten, Fotografieren erlaubt. Am Ende der Tour winken noch ein Streichelzoo, ein kleines Exotarium und eine 20-minütige Raubtiershow. Die Anlage kam in letzter Zeit ins Gerede wegen angeblich nicht artgerechter Tierhaltung. *An der Carretera Cala Millor–Portocristo bei Kilometer 4,5, tgl. 9–19 (winters bis 17) Uhr, Erwachsene 10,20 Euro, Kinder 6,60 Euro*

DER SÜDEN

Cala Santanyí [124 C4]

Die Bootsstege ehemaliger Fischerhäuschen und die Klippen rechts und links vom Strand sind ein fabelhaftes Areal für kindliche Entdeckerfreuden. Wer mit dem Tretboot rechts um die Felsnase trampelt, entdeckt *Es Pontas,* ein riesiges, aus dem Meer ragendes Felsentor, durch das man schippern kann. **Inside Tipp**

DIE INSELMITTE

Natura Parc
Santa Eugènia [128 C1]

Inside Tipp

In diesem hübsch angelegten, kleinen Tier- und Pflanzenpark findet man so ziemlich alles, was auf Mallorca kreucht und fleucht, vom Wasserfrosch bis zum Esel und

Nicht unumstritten: Show mit Delphinen im Marineland in Portals Nous

auch Exoten wie Marabu und Pelikan, Mara und Lama. Einige Volieren sind begehbar. »Toca Toca« (to-car: berühren) heißt der Streichelzoo für Kinder. *Kilometer 15,4 der Straße Palma–Sineu (ausgeschildert), Mo–Fr 10–18/19, Sa/So 10 bis 20 Uhr, Erwachsene 6,60 Euro, Kinder 4,20 Euro*

PALMA UND UMGEBUNG

Aquacity   [124 C4]

★ Mallorcas größter Wasserpark, mit zig Wasserrutschen auf einem 150 000 m² großen, perfekt durchgestylten Freizeitgelände, mit weiten Rasenflächen und Ruhezonen. Der überwiegend von deutschen Gästen besuchte Wasserpark ist mit Abstand der schönste der ganzen Insel. Teufelsschwanz heißt die neuste Attraktion, eine gekrümmte, dunkle Rutschröhre talabwärts. *(Autobahnausfahrt 13, ausgeschil-dert, hinter S'Arenal, Erwachsene 15 Euro, Kinder 9 Euro).*

Aventura Parc
Puigpunyent   [124 B6]

Gleich neben dem Naturpark *Reserva de Galatzó* liegt dieser Abenteuerpark mit schwankenden Hängebrücken, waghalsigen Klette-reien, Rutschpartien und Pfeilwerfen. *5 km von Puigpunyent (ausgeschildert), Mi–So 10–17 (winters bis 16) Uhr, ab 8 Jahren, Erwachse-ne 29,50 Euro, Kinder 22 Euro*

Marineland   [124 B6]

Volles Programm: Shows mit Meerestieren und Papageien, Aquarium und Exotarium, Kinderspielplatz mit Eisenbahn, Ball Park für Kinder von vier bis zwölf Jahren und eine Motorralley für Kids. *Portals Nous, tgl. sommers 9.30–19, winters 9.30–17 Uhr, Erwachsene 12 Euro, Kinder 7 Euro*

Angesagt!

**Was Sie wissen sollten über Trends,
die Szene und Kuriositäten auf Mallorca**

Mode

Hinkten einst Lederschuhe und
Lederkleidung, die auf der Insel
hergestellt wurden, den
europäischen Trends hinterher, so
setzen jetzt junge mallorquinische
Modemacher wie Xisco Caimari,
Tolo Crespi oder Joana Borras
neue Akzente. Schon gibt es vier
Modeschulen in Palma. Und nicht

nur die bequemen Trendtreter mit
der Kautschuksohle von Camper
(dreimal in Palma, zum Beispiel
Avinguda Jaume III, 16) laufen für
internationale Schuhmode made
in Mallorca. Schön für Urlauber:
Sie liegen deutlich unter dem in
Deutschland zu zahlenden
Ladenpreis.

Musik

Da ist zum Beispiel Maria del
Mar Bonet, die mallorquinische
Chansonsängerin mit der
Samtstimme, deren CDs in jedem
Musikgeschäft verkauft werden.

Oder die Insel-Rockgruppe
Fora des sembrat mit ihrem
hymnischen Song für den
Fußballclub Real Mallorca.

Tanz

Folkloregruppen geben auf
Mallorca den Ton an. Erstaunlich
viele junge Einheimische
beherrschen die schwierigen
Schritte traditioneller Volkstänze;
es ist mega-in, entsprechende
Tanzschulen zu besuchen. Und es
macht sich niemand lustig über
Touristen, die versuchen
mitzumachen.

Sport

Basketball und Fußball zählen zu
den beliebtesten Sportarten bei
den Einheimischen. Und natürlich
kennt die Begeisterung keine
Grenzen, wenn Fußballerstligist
Real Mallorca im Stadion Son
Moix in Palma (ausgeschilderte
Abfahrt von der Via Cintura Oeste)
spielt – und gewinnt (Termine
siehe Lokalpresse).

Schönheit

Weil auch hier blonde Frauen
begehrt sind, lassen sich viele
dunkelhaarige Schönheiten die
Haare färben, auch wenn Teint
und Augenfarbe dann in
seltsamem Kontrast zum Haar
stehen, der Haaransatz schnell
nachdunkelt und das Ritual
massiv ins Geld geht.

Von Anreise bis Zoll

Hier finden Sie kurz gefasst die wichtigsten Adressen und Informationen für Ihre Mallorcareise

ANREISE

Auto

Ungefähr 1400 km misst die Autobahnstrecke von Frankfurt/Main über Mülhausen, Besançon, Lyon, Nîmes, Sète, Narbonne und Gerona bis Barcelona. Mautgebühren in Frankreich und Spanien: etwa 70 Euro. Bleifreies Benzin gibt es inzwischen an fast allen Tankstellen.

Bahn

Die Fahrzeit für die Bahnstrecke Frankfurt/Main–Barcelona beträgt rund 18 Stunden. Die normale Rückfahrkarte 2. Klasse ab Frankfurt kostet ungefähr 300 Euro. Nach Ermäßigungen fragen!

Flugzeug

Flüge aus Deutschland, Österreich und der Schweiz gehen nach Palma de Mallorca (Flughafen Son Sant Joan). Ab Frankfurt dauert der Flug gut zwei Stunden. Das Gros der Feriengäste nutzt die Charterflugangebote (Richtpreis 200–300 Euro). Linienflüge etwa mit Lufthansa oder Iberia kosten in der Touristenklasse 300–500 Euro. Am preiswertesten (schon ab 80 Euro) sind saisonbedingte Sonderangebote sowie Last-Minute-Buchungen unmittelbar vor Reiseantritt. Mehrere Autovermietungen buhlen am Flughafen um die Gunst der Kunden, Taxis stehen zum Transfer in die Inselorte bereit. Die längste Fahrt, nach Cala Rajada, kostet ca. 60 Euro; ins Zentrum von Palma kommt man für rund 15 Euro. Für sperrige Gepäckstücke wie Fahrräder und Golftaschen gelten Sondertarife.

Schiff

Ab Barcelona fährt die Autofähre der Schifffahrtslinie Trasmediterránea täglich, im Sommer auch mehrmals täglich nach Palma de Mallorca, Fahrzeit: acht Stunden. Preis des Autotransports bei normaler Fahrzeuglänge pro Fahrt in der Hochsaison 130 Euro, Doppelkabine 90 Euro (jeweils einschließlich Hafentaxe). Die Preise gelten für Vorausbuchung in DER-Reisebüros. Kürzer fährt man bis Sète bei Montpellier in Frankreich. Von dort bringt Sie die Autofähre der Reederei Balear-Express in 15 Stunden nach Palma. Rückfahrticket für 4 Personen inklusive Kabine und PKW-Transport: 470 bis 720 Euro. *Tel. 0033/492 18 70 20, www.balearexpress.com*

AUSKUNFT VOR DER REISE

Spanisches Fremdenverkehrsamt

Kurfürstendamm 180, Postfach 151209, 10707 Berlin, Tel. 030/ 882 60 36, Fax 882 66 61

Walfischgasse 7/14, 1010 Wien, Tel. 01/512 95 80, Fax 512 95 81
Seefeldstrasse 19, 8008 Zürich, Tel. 01/252 79 31, Fax 252 62 04
www.fremdenverkehrsamt.com /spanien.html

AUSKUNFT AUF MALLORCA

In allen touristischen Orten gibt es die *Oficina Informació Turisme (O.I.T.)*. Sie arbeiten häufig unregelmäßig, manchmal gar nicht. Ganz gut informiert werden Sie in den Fremdenverkehrsbüros in Palma, z. B. im *Informació Turística Municipal, Plaça Espanya, Parc d'Estació* **[U F1]**, *und Carrer Sant Domènec* **[U E2]**, *Mo–Fr 9–20, Sa 9–13 Uhr*

AUTO

Die Verkehrsregeln entsprechen denen in Deutschland, Österreich und der Schweiz. Auf der Autobahn gilt: höchstens 120 km/h; auf Landstraßen: 90 km/h. Gurtpflicht auch innerorts, Helmpflicht für alle motorisierten Zweiradfahrer. Promillegrenze: 0,5. Die Bußgelder *(multas)* der Guardia Civil sind ziemlich hoch. In Dörfern und Städten weisen blaue Linien auf eingeschränktes, auch gebührenpflichtiges Parken hin, gelbe Linien auf Parkverbot. Wer es missachtet, muss mit *multas* oder mit dem Abschleppdienst rechnen. In Palmas Zentrum löst man an Automaten Parkscheine für höchstens 90 Minuten.

BANKEN

So gut wie jeder Inselort verfügt über mehrere Banken. Es gibt kaum noch einen Ort ohne Bankautomaten. Höchstauszahlung per Kreditkarte pro Tag 300 Euro.

BUS & BAHN

Palmas Busbahnhof befindet sich an der *Plaça Espanya*. Dort ist auch der Bahnhof des nostalgischen *Ferrocarril de Sóller*. Palma und Inca verbindet eine moderne Eisenbahn. Von fast allen Inselorten verkehren Busse nach Palma. Querverbindungen zwischen den Orten sind kaum vorhanden.

CAMPING

Club Can Picafort [126 A5]
Mietbungalows, Pools, Sportanlagen, gute sanitäre Anlagen. In der Nähe (laute) Landstraße. *Carretera Alcúdia–Artà, Kilometer 23, Tel. 971 53 78 63, Fax 971 53 75 11, April–Oktober*

DIPLOMATISCHE VERTRETUNG

Deutsches Konsulat [U D–E2]
Palma, Carrer Porto Pi, 8, 83. Stock im Edifico Reina Constanza, Tel. 971 70 77 37, Fax 971 70 77 40, Mo–Fr 9–12 Uhr

Österreichisches Konsulat [U E2]
Palma, Carrer Sindicat, 69, 10.Stock, Tel. 971 72 80 99, Fax 971 72 84 27, Mo–Fr 10–13 Uhr

Schweizer Honorarkonsulat [U E2]
Im Arabella Sheraton in Son Vida, Carrer de la Vinagrella, s/n, Tel. 971 60 64 21, Fax 971 60 64 29, Mo–Fr nach Terminabsprache

EINREISE

Urlauber aus EU-Ländern werden für gewöhnlich nicht mehr kontrolliert, sollten jedoch vorsorglich den Personalausweis bei sich haben. Schweizer Staatsbürger benötigen einen Reisepass; Kinder unter 16 Jahren brauchen einen Kinderausweis oder die Eintragung im Reisepass der Eltern.

EURO

Bei Redaktionsschluss waren noch nicht alle Euro-Preise festgesetzt. Wir haben die Preise deshalb in manchen Fällen auf- bzw. abgerundet. In der nächsten Auflage finden Sie wieder wie gewohnt die exakten Preise.

GESUNDHEIT

Die Insel verfügt über ein dichtes Netz von Arztpraxen (Adressen deutscher Ärzte im »Mallorca Magazin«, das in Zeitungskiosken erhältlich ist) und Apotheken *(farmacias)* sowie über elf private und zwei staatliche Krankenhäuser (auch mit Dolmetschern). In den Ferienzentren gibt es *Centros Médicos,* an vielen Stränden Erste Hilfe durch das Rote Kreuz *(Cruz Roja)*. Die Beratungsstelle der *AOK* in *Palma, Carrer Santa Catalina de Siena, 2, Tel. 971 71 41 72, Fax 971 71 11 35,* ist geöffnet *Mo–Fr 9–17 Uhr.* Ärztlicher Notruf (inselweit, 24 Std.) *Urgencias Médicas: Tel. 971 72 22 22*

INTERNET

Natürlich finden sich mehr Firmen und Haushalte mit Internet in der Hauptstadt als auf den Dörfern. Dennoch haben sich vor allem viele ausländische Residenten auch in der abgelegensten Finca mit dieser

Technik versorgt. Einige Adressen: *www.mallorcaonline.com:* informativ, wenn auch mit Bildern von Models; *www.mallorca.de:* Site mit umfassenden touristischen Informationen; *www.mallorca-market.com:* professionell, schnell, übersichtlich; *www.mallorca-topline.com:* wenig guter Aufmacher, aber sehr informativ und dreisprachig; *www.visitbalears.com:* schneller Aufbau, mehrsprachig, gute Erstinformation

INTERNETCAFÉ

Von einigen häufig wechselnden Adressen eine bisher beständige: *L@ Red Cybercafé* mit 11 PCs, Web-Service, E-Mail, Scanner und Farbdrucker. Das digitale Foto kostet 1,50 Euro, so viel wie der Orangensaft in der Bar. *Versteckt im Carrer Concepció, 5, Mo–Do 11–24, Fr bis 2, Sa/So 16–24 Uhr, Tel. 971 71 35 74, www.laredcafe.com.*

KLIMA

Der Norden ist kühler als Palma und der Süden. Das Frühjahr ist meist mild mit kühlen Abenden und Regenschauern. Der Sommer ist heiß mit Gewittern, im August herrscht hohe Luftfeuchtigkeit. Der Herbst ist bis in den Oktober hinein meist warm, dann gibt es erste Kälteeinbrüche; viel Niederschlag. Der Winter ist vorwiegend mild, wegen hoher Luftfeuchtigkeit abends und nachts kühl bis kalt. Vom 31. Oktober bis Ostern schließen die meisten Hotels und Badeorte.

MEDIEN

Fast alle Hotels bieten über Satellit deutsche und englische TV-Programme an. In den Kiosken gibt es deutsche und englische Tages- und Wochenzeitungen, außerdem die deutschen Wochenzeitungen »Mallorca Magazin« und »Mallorca Zeitung«. Das deutschsprachige Inselradio *(www.inselradio.com)* sendet *täglich von 13 bis 21 Uhr* auf *UKW 95,8 MHz,* ein deutsches TV-Programm in *Canal 4 täglich um 9 und 17 Uhr.*

MIETWAGEN

Rund 35 000 Mietwagen werden von Hunderten von Autovermietern angeboten. Prüfen und vergleichen Sie die unterschiedlichen Konditionen. Besonders preisgünstige Angebote müssen nicht immer die seriösesten sein. Ratsam ist eine Vollkaskoversicherung ohne Selbstbeteiligung im Schadensfall. Ein Mietwagen der unteren Kategorie kostet etwa 165 Euro die Woche ohne Treibstoff.

NOTRUF

Europäischer Notruf (Polizei, Feuerwehr, Notarzt): *Tel. 112*

ÖFFNUNGSZEITEN

Restaurants sind üblicherweise geöffnet *13–16 und 19.30–23 Uhr,* Geschäfte *werktags 9–13/13.30 und 16–20.30 Uhr und länger.*

POST

Briefmarken erhalten Sie bei der Post *(correos)* und in den Tabakläden *(tabaco, estanco).* Briefkästen sind gelb. Post mit Briefmarken von Privatanbietern wird nur aus firmeneigenen Briefboxen befördert!

PREISE

Eine Flasche spanischer Tischwein kostet im Supermarkt ab 3 Euro, Restaurants schlagen 100 bis 200 Prozent drauf. Für organisierte Ausflüge sind etwa 18–60 Euro zu veranschlagen, wobei Kinder meist die Hälfte zahlen. Ein Abend in einem Showrestaurant *(Son Amar)* kostet pro Person und Menü mehr als 60 Euro.

TELEFON & HANDY

Telefongespräche vom Hotel aus sind sehr teuer. Von der Telefonzelle (blaugrün) aus rufen Sie besser mit Telefonkarten an, erhältlich in Tabak- und Souvenirläden ab 6 Euro (ca. 10 Min. Telefonierzeit). Bei Auslandsgesprächen *00* vorwählen, danach die Vorwahl des Landes (Deutschland *49,* Österreich *43,* Schweiz *41*) und die des Ortes *(ohne 0)*, dann die Teilnehmernummer wählen. *Tgl. 22–8* sowie *Sa 12–Mo 8 Uhr* und *feiertags* ist *Billigtarif.* Vorwahl für Spanien *0034.*

In Spanien wurde das Handy (*móvil)* zur Droge. Wer im Tourismus arbeitet, kann kaum mehr ohne, selbst in den Handtaschen von Hausfrauen bimmelt es, und auf den Wunschzetteln der Kids steht das coole Ding ganz oben. Größter Anbieter ist die spanische Telefónica, dann folgen Uni-2 und Retevisión. Der Tarifdschungel ist undurchschaubar. Wer sein Handy mitbringt, sollte sich vorher genau bei seinem Betreiber nach den Modalitäten für Spanien erkundigen. Zu erfragen ist auch, ob Gebühren bei Anrufen von zu Hause fällig sind. Ladegerät nicht vergessen!

TRINKGELD

Alle im Dienstleistungsbereich arbeitenden Menschen freuen sich über ein Trinkgeld. In Restaurants sind 5–10 Prozent des Gesamtbetrags üblich. Zimmermädchen erwarten 6 Euro pro Woche. Bei Taxi- und Busfahrten (Ausflug, Transfer) sollte man großzügig aufrunden, Reiseleiter bei Zufriedenheit mit einem Obolus ab etwa 6 Euro bedenken.

WASSER

Auch nach dem Bau einer von Umweltschützern angefeindeten Meerwasserentsalzungsanlage bei Palma und dem Einsatz mobiler Entsalzungsanlagen bleibt Trinkwasser, vor allem in regenarmen Jahren, ein Problem auf Mallorca. Inselgäste sollten den Wasserverbrauch deswegen auf das unbedingt Nötige beschränken.

Was kostet wie viel?

Taxi	**37 Cent** pro Kilometer
Kaffee	**etwa 1 Euro** für einen Espresso
Wasser	**1,80 Euro** für 1 Liter im Restaurant
Wein	**ab 1,80 Euro** für eine copa (1/8 Liter)
Benzin	**82 Cent** für einen Liter Super
Briefmarke	**45 Cent** für eine Postkarte in EU-Länder

Ein Verzeichnis aller balearischen Yachthäfen mit Angaben zu Lage, Größe, Anzahl der Liegeplätze, maximaler Bootslänge und Hafenausstattung in spanischer und englischer Sprache gibt es unter dem Titel »Puertos Deportivos de Baleares« über *IBATUR, Carrer Montenegro, 5, 07012 Palma de Mallorca, Tel. 971 71 20 10, Fax 971 06 00.*; *www.mallorcanautic.com* nennt alle Charterfirmen auf den Balearen. Die virtuelle Sekretärin Christa steht für Eckdaten über einfache mallorquinische *llaüts* bis zu Luxusseglern zur Verfügung.

ZIMMERRESERVIERUNG

Über Reiseveranstalter gebuchte Hotelzimmer sind in der Regel preiswerter. Da fast alle Quartiere von Veranstaltern angeboten werden, gibt es kaum Privatangebote. Dadurch können Reisen ins Blaue strapaziös werden. Von Mai bis Oktober werden Sie kurzfristig nur schwer ein Quartier nach Wahl bekommen. Fincas vermittelt neben vielen deutschen und englischen Reiseveranstaltern die *Associació de Agroturisme Balear* in Palma *(Tel. 971 72 15 08, Fax 971 71 73 17, agroturismo@mallorcanet.com)*. Man spricht auch Deutsch.

ZOLL

Waren zum persönlichen Gebrauch (z. B. 800 Zigaretten, 90 l Wein, 10 l Spirituosen) können von EU-Bürgern innerhalb der Europäischen Union zollfrei ein- und ausgeführt werden.

Wetter in Palma

	Jan.	Feb.	März	April	Mai	Juni	Juli	Aug.	Sept.	Okt.	Nov.	Dez.
Tagestemperaturen in °C	14	15	17	19	23	27	29	30	27	23	18	15
Nachttemperaturen in °C	6	6	7	9	13	16	19	19	18	14	10	7
Sonnenschein Std./Tag	5	6	6	7	10	10	11	11	8	6	5	5
Niederschlag Tage/Monat	6	6	6	4	4	2	1	2	5	6	7	7
Wassertemperaturen in °C	14	13	14	15	17	21	24	25	24	21	18	15

Parles català?

»Sprichst du Katalanisch?«
Dieser Sprachführer hilft Ihnen, die wichtigsten
Wörter und Sätze auf Katalanisch zu sagen

Hinweise zur Aussprache:

c	wie »s« vor »e«, »i« (z. B. Barcelona); wie »k« vor »a«, »o« und »u« (z. B. Casa)
ç	wird als »s« gesprochen (z. B. França)
g	wie in »Genie« vor »e«, »i«; wie »g« vor »a«, »o« und »u«
l·l	wird als »l« gesprochen
ny	wie das »gn« in »Champagner« (z. B. Catalunya)
que/qui	das »u« ist immer stumm, wie deutsches »k« (z. B. perquè)
v	am Wortanfang und nach Konsonant wie »b« (z. B. València)
x	wird gesprochen wie das deutsche »sch« (z. B. Xina)

AUF EINEN BLICK

Ja. / Nein. / Vielleicht.	Sí. / No. / Potser.
Bitte. / Danke.	Sisplau. / Gràcies.
Entschuldigen Sie!/Entschuldige!	Perdoni./Perdona.
Wie bitte?	*(Sie)* Com diu?/*(du)* Com dius?
Ich verstehe Sie/dich nicht.	No l'entenc. / No t'entenc.
Ich spreche nur wenig (Katalanisch).	Parlo només una mica (de català).
Sprechen Sie Deutsch/Englisch?	Parla alemany/anglès?
Können Sie mir bitte helfen?	Pot ajudar-me, sisplau?
Ich möchte …	Voldria…
Haben Sie …?	Té…?
Wie viel kostet es?	Quant val?
Wie viel Uhr ist es?	Quina hora és?

KENNENLERNEN

Guten Morgen!	Bon dia!
Guten Tag!	Bon dia! (Bona tarda.)
Guten Abend!	Bona nit!

Hallo! / Grüß dich!	Hola, què hi ha?
Wie geht es Ihnen/dir?	Com va?
Danke. Und Ihnen/dir?	Gràcies, i vostè? / i tu?
Auf Wiedersehen!	Adéu. Passi-ho bé.
Tschüss!	Adéu!

UNTERWEGS

Auskunft

links / rechts	a l'esquerra / a la dreta
geradeaus	tot recte
nah / weit	a prop / lluny
Bitte, wo ist …?	Sisplau, on és…?
Wie weit ist das?	És molt lluny això?
Gibt es öffentliche Verkehrsmittel dorthin?	S'hi pot anar amb mitjans de transport públic?
Wie komme ich dorthin?	Com s'hi va?
Zum Hotel, bitte.	A l'hotel, sisplau.
Zum Bahnhof.	A l'estació.
Zum Flughafen.	A l'aeroport.
Ich möchte … mieten.	Voldria llogar …
… ein Auto …	… un cotxe.
… ein Fahrrad …	… una bicicleta.
… ein Motorrad …	… una moto.

Panne

Ich habe eine Panne.	Tinc una avaria.
Würden Sie mir bitte einen Abschleppwagen schicken?	Poden enviar-me sisplau una grua?
Gibt es hier in der Nähe eine Werkstatt?	Hi ha per aquí a prop un taller?

Tankstelle

Wo ist bitte die nächste Tankstelle?	On és la gasolinera més propera, sisplau?
Ich möchte … Liter …	Voldria … litres de …
… Normalbenzin.	… Gasolina normal.
… Super.	… Súper.
… Diesel.	… Diesel.
… bleifrei / mit Blei.	… sense plom / … amb plom.
Volltanken, bitte.	Ple, sisplau.

Unfall

Hilfe!	Ajuda!
Achtung!	Compte!
Rufen Sie bitte schnell …	Truqui sisplau de pressa …
… einen Krankenwagen.	… a una ambulància.

… die Polizei.	… a la policia.
… die Feuerwehr.	… als bombers.
Haben Sie Verbandszeug?	Té benes?
Es war meine Schuld.	Ha estat culpa meva.
Es war Ihre Schuld.	Ha estat culpa seva.
Geben Sie mir bitte Ihren Namen und Ihre Anschrift!	Pot donar-me el seu nom i la seva adreça, sisplau!

ESSEN/UNTERHALTUNG

Wo gibt es hier …	On hi ha per aquí a prop …
… ein gutes Restaurant?	… un bon restaurant?
… ein nicht zu teures Restaurant?	… un restaurant no massa car?
… ein typisches Restaurant?	… un restaurant típic?
Gibt es hier eine gemütliche Kneipe?	Hi ha per aquí a prop algun bar bonic?
Reservieren Sie uns bitte für heute Abend einen Tisch für vier Personen.	Reservi sisplau per avui al vespre una taula per a quatre persones.
Könnte ich bitte … haben?	Podria portar-me …
… ein Messer …	… un ganivet?
… eine Gabel …	… una forquilla?
… einen Löffel …	… una cullera?
Auf Ihr Wohl!	Salut.
Bezahlen, bitte.	El compte, sisplau.
Bitte alles zusammen.	Cobri-ho tot junt, sisplau.
Getrennte Rechnungen, bitte.	Per separat, sisplau.
Hat es geschmeckt?	Els ha agradat?
Das Essen war ausgezeichnet.	El menjar era excel·lent.

EINKAUFEN

Wo finde ich …?	On hi ha …?
… eine Apotheke	… una farmàcia
… eine Bäckerei	… un forn
… ein Fotogeschäft	… una botiga de fotos
… ein Einkaufszentrum	… un supermercat
… ein Lebensmittelgeschäft	… una botiga de queviures
… einen Markt	… un mercat

ÜBERNACHTUNG

Können Sie mir bitte … empfehlen?	Em pot recomanar …, sisplau?
… ein gutes Hotel …	… un bon hotel
… eine Pension …	… una pensió

Haben Sie noch …	Tenen encara …
… ein Einzelzimmer?	… una habitació senzilla?
… ein Zweibettzimmer?	… una habitació doble?
… mit Bad?	… amb bany?
… für eine Nacht?	… per una nit?
… für eine Woche?	… per una setmana?

PRAKTISCHE INFORMATIONEN

Arzt

Können Sie mir einen guten Arzt empfehlen?	Em pot recomanar un bon metge?
Ich habe hier Schmerzen.	Em fa mal aquí.
Ich habe …	Tinc …
… Durchfall.	… diarrea.
… Fieber.	… febre.
… Husten.	… tos.

Post

Was kostet …	Quant val …
… ein Brief …	… una carta …
… eine Postkarte …	… una postal …
… nach Deutschland?	… a Alemanya?
Eine Briefmarke, bitte.	Un segell, sisplau.

ZAHLEN

0	zero	20	vint
1	un/una	21	vint-i-u/vint-i-una
2	dos/dues	22	vint-i-dos/vint-i-dues
3	tres	30	trenta
4	quatre	40	quaranta
5	cinc	50	cinquanta
6	sis	60	seixanta
7	set	70	setanta
8	vuit	80	vuitanta
9	nou	90	noranta
10	deu	100	cent
11	onze	200	dos-cents/dues-centes
12	dotze	1 000	mil
13	tretze	2 000	dos mil/dues mil
14	catorze	10 000	deu mil
15	quinze	1000 000	un milió
16	setze		
17	disset	1/2	mig
18	divuit	1/3	un terç
19	dinou	1/4	un quart

Reiseatlas
Mallorca

**Die Seiteneinteilung für den Reiseatlas finden Sie
auf dem hinteren Umschlag dieses Reiseführers**

Mit freundlicher Unterstützung von

kein urlaub ohne

holiday
autos

www.holidayautos.com

total relaxed in den urlaub: einsteiger-übung

1. lehnen sie sich ganz entspannt zurück und gleiten sie in gedanken zu den cleveren angeboten von holiday autos. stellen sie sich vor, als weltgrösster vermittler von ferienmietwagen bietet ihnen holiday autos
   - mietwagen in über 80 urlaubsländern
   - zu äusserst attraktiven preisen

2. vergessen sie jetzt die üblichen zuschläge und über-raschungen. dank
   - alles inklusive tarife und
   - wegfall der selbstbeteiligung
   steht ihr endpreis bei holiday autos von anfang an fest.

3. nehmen sie ganz ruhig den hörer, wählen sie **0180 5 17 91 91** (24pf/min), surfen sie zu **www.holidayautos.com** oder fragen sie in ihrem reisebüro nach den topangeboten von holiday autos!

kein urlaub ohne
holiday autos

KARTENLEGENDE REISEATLAS

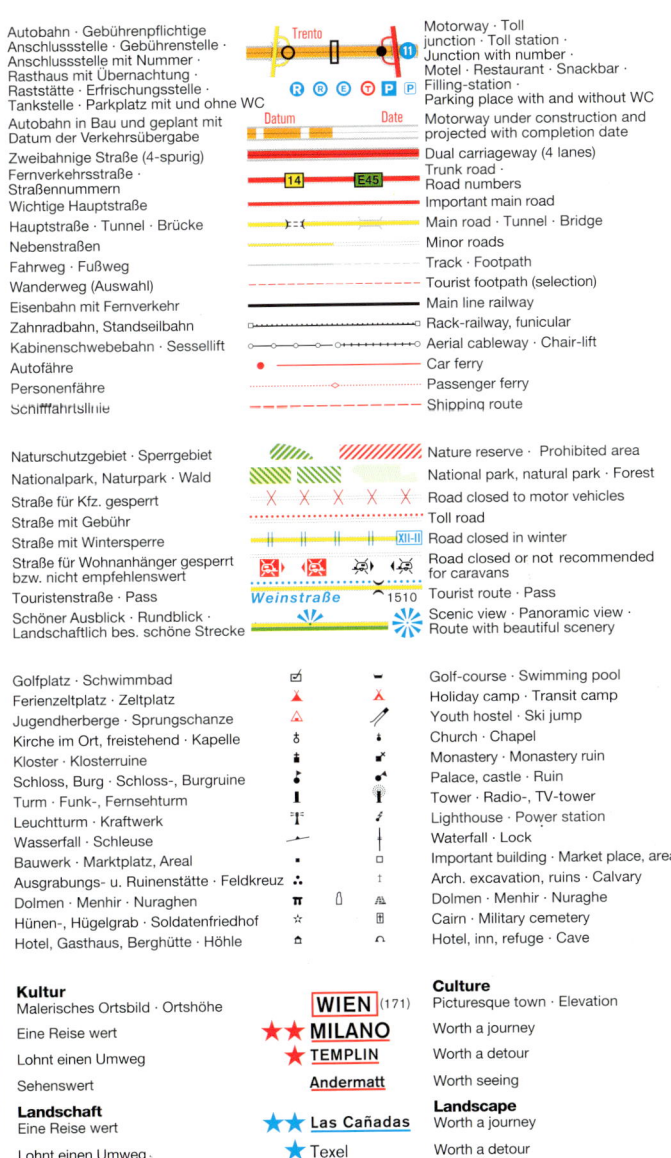

Autobahn · Gebührenpflichtige Anschlussstelle · Anschlussstelle · Anschlussstelle mit Nummer · Rasthaus mit Übernachtung · Raststätte · Erfrischungsstelle · Tankstelle · Parkplatz mit und ohne WC	Motorway · Toll junction · Toll station · Junction with number · Motel · Restaurant · Snackbar · Filling-station · Parking place with and without WC
Autobahn in Bau und geplant mit Datum der Verkehrsübergabe	Motorway under construction and projected with completion date
Zweibahnige Straße (4-spurig)	Dual carriageway (4 lanes)
Fernverkehrsstraße · Straßennummern	Trunk road · Road numbers
Wichtige Hauptstraße	Important main road
Hauptstraße · Tunnel · Brücke	Main road · Tunnel · Bridge
Nebenstraßen	Minor roads
Fahrweg · Fußweg	Track · Footpath
Wanderweg (Auswahl)	Tourist footpath (selection)
Eisenbahn mit Fernverkehr	Main line railway
Zahnradbahn, Standseilbahn	Rack-railway, funicular
Kabinenschwebebahn · Sessellift	Aerial cableway · Chair-lift
Autofähre	Car ferry
Personenfähre	Passenger ferry
Schifffahrtslinie	Shipping route

Naturschutzgebiet · Sperrgebiet	Nature reserve · Prohibited area
Nationalpark, Naturpark · Wald	National park, natural park · Forest
Straße für Kfz. gesperrt	Road closed to motor vehicles
Straße mit Gebühr	Toll road
Straße mit Wintersperre	Road closed in winter
Straße für Wohnanhänger gesperrt bzw. nicht empfehlenswert	Road closed or not recommended for caravans
Touristenstraße · Pass	Tourist route · Pass
Schöner Ausblick · Rundblick · Landschaftlich bes. schöne Strecke	Scenic view · Panoramic view · Route with beautiful scenery

Golfplatz · Schwimmbad	Golf-course · Swimming pool
Ferienzeltplatz · Zeltplatz	Holiday camp · Transit camp
Jugendherberge · Sprungschanze	Youth hostel · Ski jump
Kirche im Ort, freistehend · Kapelle	Church · Chapel
Kloster · Klosterruine	Monastery · Monastery ruin
Schloss, Burg · Schloss-, Burgruine	Palace, castle · Ruin
Turm · Funk-, Fernsehturm	Tower · Radio-, TV-tower
Leuchtturm · Kraftwerk	Lighthouse · Power station
Wasserfall · Schleuse	Waterfall · Lock
Bauwerk · Marktplatz, Areal	Important building · Market place, area
Ausgrabungs- u. Ruinenstätte · Feldkreuz	Arch. excavation, ruins · Calvary
Dolmen · Menhir · Nuraghen	Dolmen · Menhir · Nuraghe
Hünen-, Hügelgrab · Soldatenfriedhof	Cairn · Military cemetery
Hotel, Gasthaus, Berghütte · Höhle	Hotel, inn, refuge · Cave

Kultur / **Culture**

Deutsch	Beispiel	English
Malerisches Ortsbild · Ortshöhe	WIEN (171)	Picturesque town · Elevation
Eine Reise wert	★★ MILANO	Worth a journey
Lohnt einen Umweg	★ TEMPLIN	Worth a detour
Sehenswert	Andermatt	Worth seeing

Landschaft / **Landscape**

Deutsch	Beispiel	English
Eine Reise wert	★★ Las Cañadas	Worth a journey
Lohnt einen Umweg ·	★ Texel	Worth a detour
Sehenswert	Dikti	Worth seeing

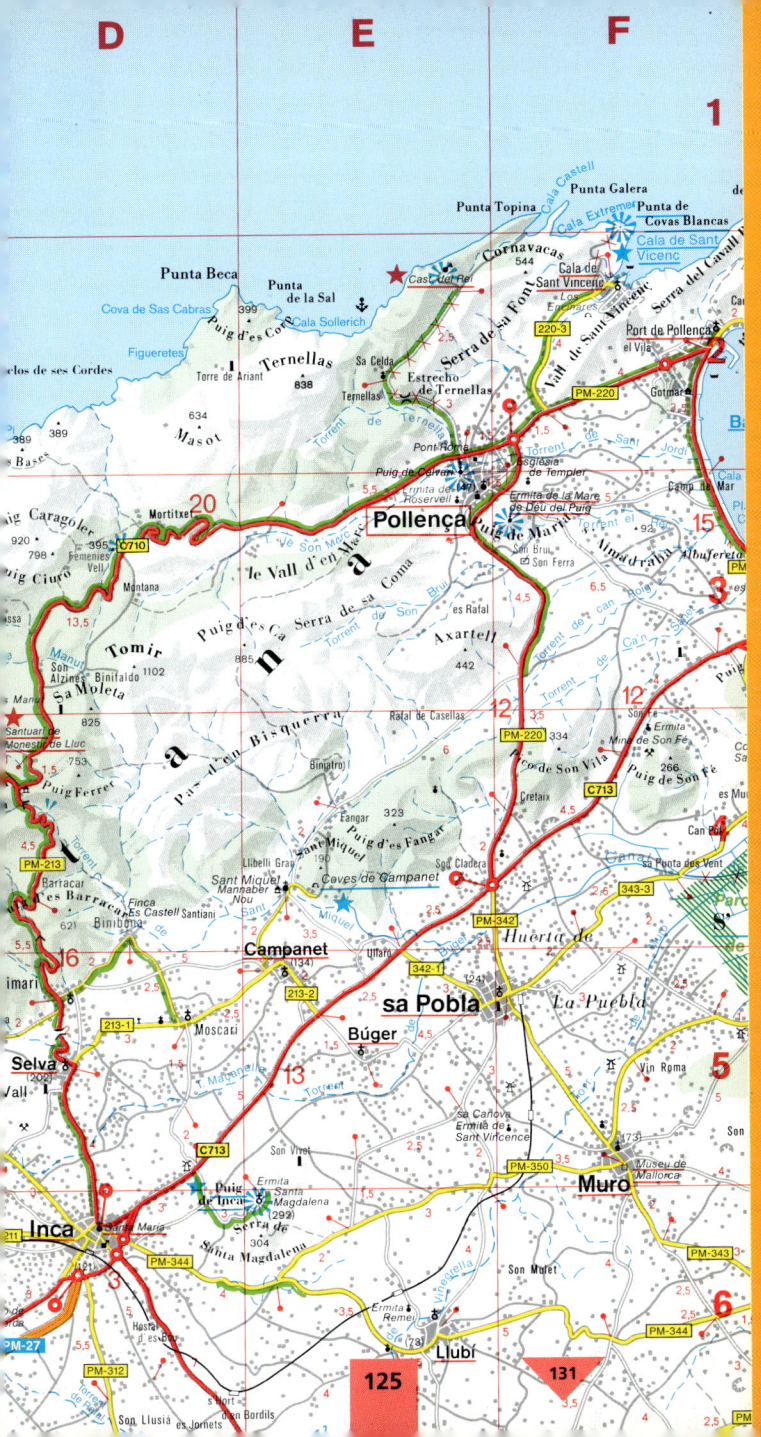

4 km

1

Ciutadella (Menorca) 3½ h

2

MAR

MEDITERRÀNIA

3

4

Cap de Ferrutx

Punta Ferrutx   432
Talaia
Moreia
Punta Trinquet d'es Moro
Cala Fosca
es Single

Punta dés Caló
es Caló
Cala de
Penya Rotja
Farrayo de
Aubarca
Platja de Font Salada

Puig Tudossa
Punta d'es Barraca
3
Aubarca
58
Cala Matzocs
Cala Estreta
Cala Mitjana
Punta del Buch

5

Cala Mata
Moreì
561
Aubarca
Cala Mesquida
Cap des Freu

a d'en Sureda
Betlem
Cala Mesquida
Son Mascaró
Can Vicens
Noberdeta
Molera de
sa Vinya
Jaumell
271
Punta
de Na Foguer

Ermita de Betlem
Can Monseriu
Can Esporson
Molera de Fos
405
sa Cova
Son Mesquida Nou
Cala Moltó

sa Coloma de St. Pere
Can
Son Morey
Collado
d'es Castellats
Son Molí
Cala Guya
Cala Guya

Ferrutx
510
Torrent
Son Sanchos
sa Duaya
es Recó
Son Terrassa
Son Jaumell
Cala Rajada
Verda
Cala Embarcada

Son Sureda
5
Son Forteza
Can Campana
Castell
Capdepera
Son Patilla
Cala
Cala
Son Moll
Platja de
Pedruscada

Son Fortuny
orell
Rebals
Son Salvador
Talaiot
de
ses Paisses
7.5
11
C715
Capdepera
2.5
Cala Carregador
Punta de sa Cala

Arta
Son Febrer
133
Font
de sa Cala
Cala de sa Fo

MAR

MEDITERRÀNIA

4 km

A B C

1

2

3

Torre Talaia de Ses
Punta d'es

Punta de Son Serralta

Cala Estellencs

Cala Ca's Xeramier
Port de Estellencs

Platja Can Pruaga   Coll d'es Pi
325

Punta de sa Lluenta

Punta de sa Foradada

Cala de ses Ortigues

Punta de sa Llova
es Barraca

Descarregador

Fondal de
ses Basses

Punta d'en Fabiolet

Bachas

Morro Ratjada

SA DRAGONERA

Cala
Basset

sa Trapa

Coll de
Sa Cremola

es Grau
13

Serra d'es Pinovells
926

Esclop

Reserva Gala

Caserió Galatzó

Conqueial

s'Alqueria

Cala
Llado

**Parc Natural
de Dragonera**

Punta
Negra

Sant Elm

Baser

330

Son Guiem

San Castell

s'Arracó

Cala Llebeitx

I. PANTALEU
Cala Canills

Castell
de Sant Elm

Ermita

Cap Llebeitx

Punta Galinda

Cala d'Antio

Cap Falcóns

Cala d'Egos

Punta Moragues

Badia d'Andratx

Cala Raco

Cap de sa Mola

Anlio

Enrich

276

318

Port d'Andratx

Can Inglés

Cala Marmassén

Cala Camp

134

128

C710

Mirador de

35

Gal

102

r

491

345

S

e

422

Mirador
422

4

55

Son Boch

Gruta
482

Son Mortbla

Es
Capdel

103-1

Son
Sa Coma

103-1

PM-103

Son Mas

Andratx
(133)

Son Alfonso

Barratx

101-2

Son Vich Nou

C719

Es Coll
d'Andritxol

13

Son Fortuny
Túnel de Son Vich

840 m.

Tora

Peguera

sa Romana

102-1

C719

Camp

Muntanya de Biniorella

C719A

PM-102

Platja de Mar
de Camp de
Mar

Fornells

Platja
de
Peguera

Cala
Fornells

Costa
de la Calma

C119

Platja de Mar
Camp

Cap Andritxol

Punta d'es Castell
Cala de Santa Ponsa

25

Ensenada

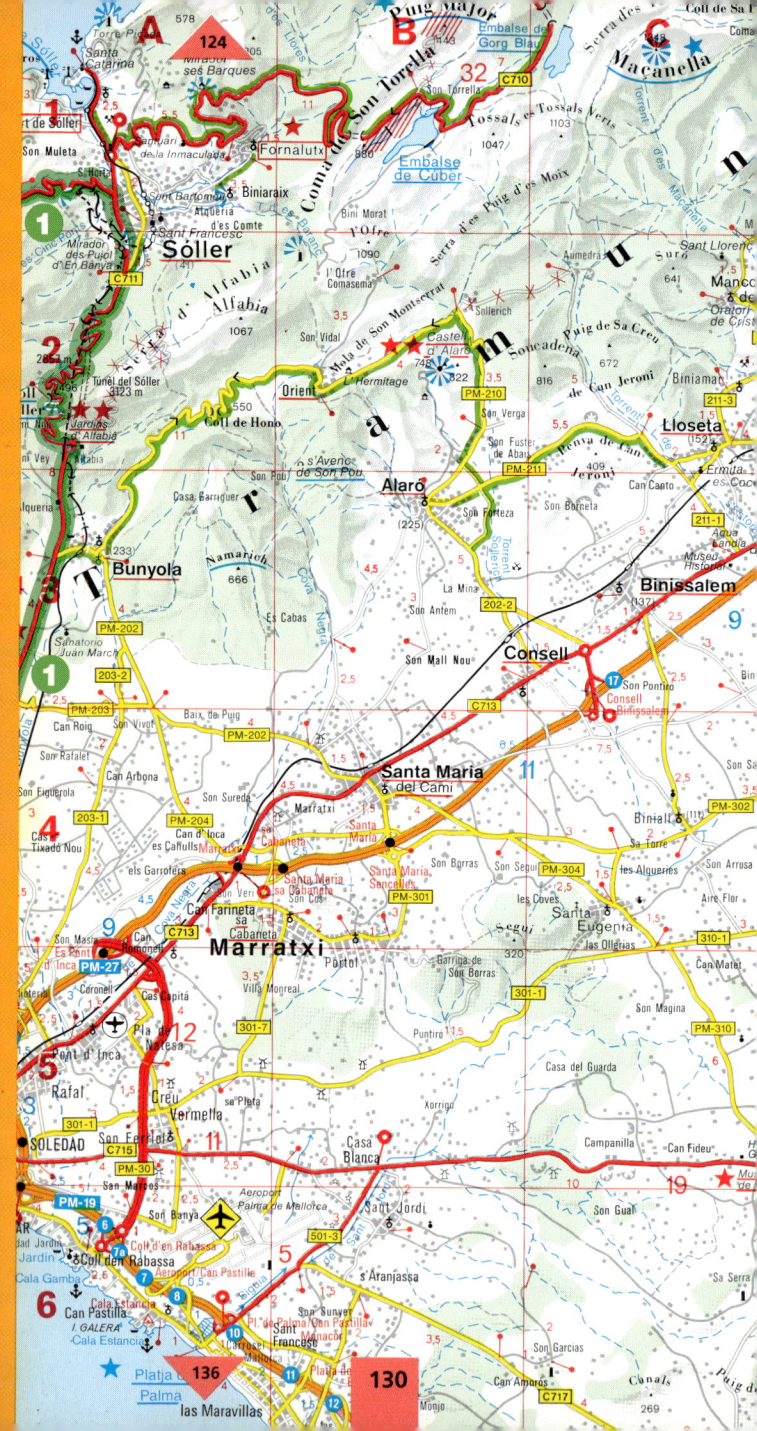

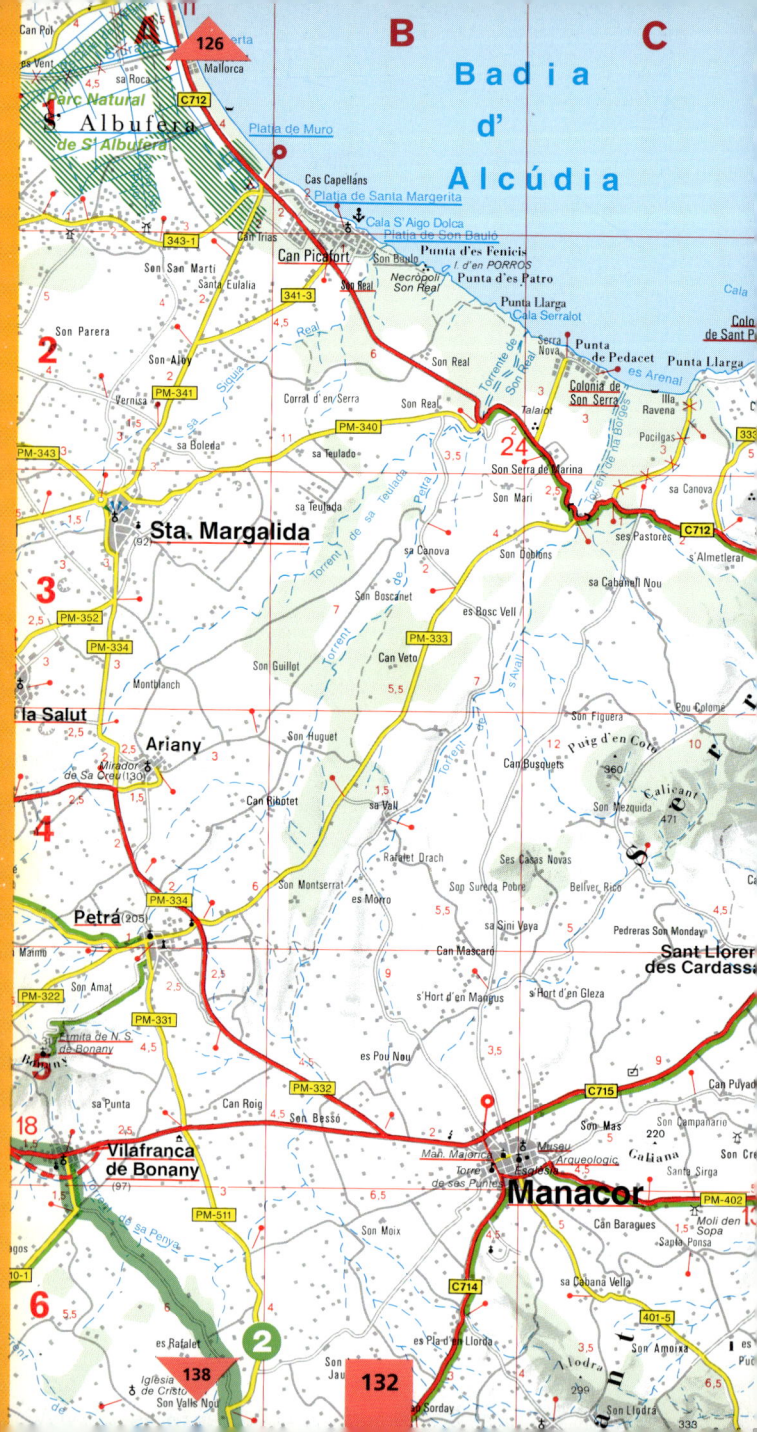

1

Cap de Ferrutx

Punta Ferrutx
432
Talaia
Morey
Punta Trinquet d'es Moro
Cala Fosca
es Single
Punta dés Caló
es Caló
Cala de
Penya Rotja
Puig Tudosa
Farrayó de
Aubarca
Platja de Font Salada
436
Punta d'es Barraca
Punta d'es Barraca
58
Cala Matzocs
Cala Mata
Morell
Aubarca
Cala Estreta
Cala Mitiana
Platja del Buch
en Sureda
Betlem
561
Punta del Buch
Cala Mesquida
Cap des Freu
es Cans
Can Vicens
Cala Mesquida
2
Son Mascaro
Noberdeta
Cala Mesquida
Jaumell
Punta
de Na Foguera
Ermita de Betlem
Can Monserio
Moleta de
Son Mesquida Nou
271
Colonia de St. Pere
4,5
Can
sa Vinya
sa Cova
Son Terrasa
Cala Moltó
Can Molto
Cala Guya
Punta
Capdepera
405
Collado
d'es Castellats
Son Jaumell
Cala Guya
Torre
Embucada
Son Sureda
es Reçe
Capdepera
Punta
des
Farayos
510
Son Forteza
Son Furtuney
sa Campana
Sagtcoy
Son Salvador
Castell
Capdepera
Son Moll
Cala Gat
Son Moll
Rebals
6
d
Arta
1,5
Torrent de Canyamel
C-715
Son Febre
Son Fora
s.Heretat
Son Bessa
Pedruscada
Cala Carregador
Punta de sa Torre
3
Can
Son Sureda
Talaiot
de
ses Paisses
404-2
Torre
d'es Vidrie
Cala de sa Font
Punta del Fondal
ses Fulles
Recó d'Estanté
3,5
Molins
Masquida
Can Cursal
257
Can Lloret Redó
404-1
Mi
Can Caragol
Torre de
Canyamel
Reçó d'en Massot
Sauma Vell
sa Jordane
Punta d'es Marás
Cova d'es Veils Marins
6,5
sa Coma Saguera
es Rafel d'Albaix
Platja de
Canyamel
Jordi
Coves d'Arta
Cas Xiclati
s'Rafalet
Heretat
165
Can Sopa
382
Esquerda
315
Costa de
Canyamel
Cap Vermell
Cala Canyamel
7,5
Puig des Corp
Cala Rotja
4
21
370
Cap d'es Pinar
sa Costa des Pins
Son Servera
Platja d'es Ribell
Port Vell
Port Nou
Can Pocofarina
182
Caseria
Port Verd
Bahía
PM-403
Son Corp
271
Cala
Bona
3,5
de
Puig de Sa Font
Cala Bona
Artá
Atalayas
Cala Millor
es Rafal Sec
182
Arenal de Son Servera
5
sa Torre Nova
Son Carrió
Auto Safari
Reserva Africana
Cala Nao
146
sa
Coma
Punta de n'Amer
Moncadas
Platja de sa Coma
Cala Morey'a
Sa Punteta
Can Bordils
s'Illot
Cala Moreya
6
Cala Mosca
402-3
Cala
Morlanda
Punta de Sa Roca
Cala Morlanda
Punta Rasa
Coves dels Hams
Cala Petita
Portocristo
4 km
Son Moro
Cala Manacor
Cala Muria
401-4
Coves del Drac
Portocristo
Novo
Cala Magrana
Cala Anguila
Cala Romantica
Punta Reina
Cala Estany

139

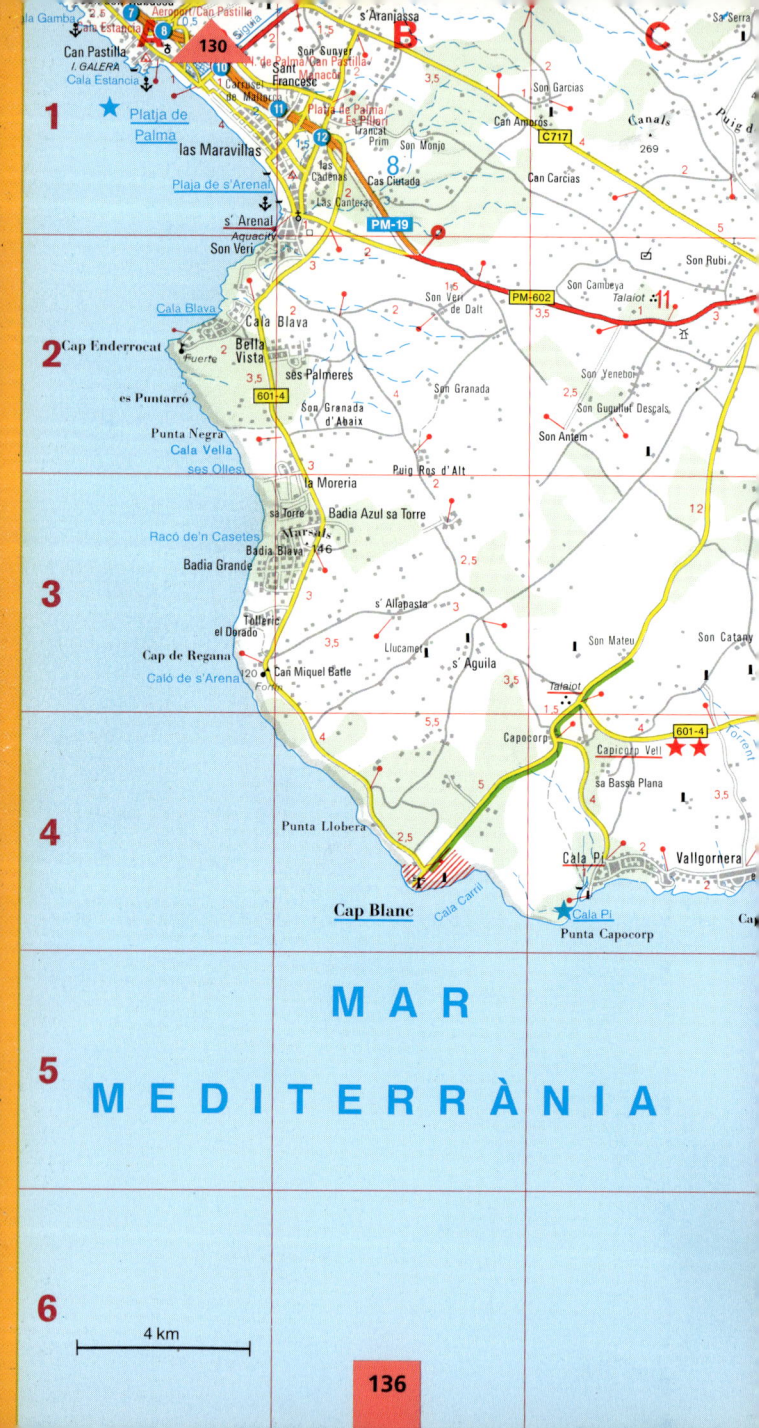

D **E** **133** **F**

Coves dels Hams

Portocristo

Cala Petita

Cala Manacor

Cala Muria

Son Moro

401-4

Portocristo Nova

Coves del Drac ★ ★

Cala Magrana

Cala Anguila

1

Punta Reina

Cala Estany

la Romàntica

el Pirata

Frontón d'es Mulà

Cala Falcó

Cala Varques

Punta d'es Llevants

Cala Serrat

Pilar Coves del Pilar

Cala Magraner

Cala Virgili

Cala Bota

Cala Salda

Cala Setrill

Cala Antena

maguera

Domingos

Murada

Calas de Mallorca

2

Algar

de ses Crestes

onc

3

M A R

M E D I T E R R À N I A

4

5

4 km

6

total relaxed in den urlaub: übung für fortgeschrittene

1. schliessen sie die augen und denken sie intensiv an das wunderbare wort „alles inklusive preise". stellen sie sich viele extras vor, die bei holiday autos alle im preis inbegriffen sind:

- unbegrenzte kilometer
- haftpflichtversicherung
- vollkaskoversicherung
- kfz-diebstahlversicherung
- alle lokalen steuern
- flughafenbereitstellung
- flughafengebühren

2. atmen sie tief ein und lassen sie vor ihrem inneren auge die zahlreichen auszeichnungen vorbeiziehen, die holiday autos in den letzten jahren erhalten hat. sie buchen ja nicht irgendwo.

3. nehmen sie ganz ruhig den hörer, wählen sie **0180 5 17 91 91** (24pf/min), surfen sie zu **www.holidayautos.com** oder fragen sie in ihrem reisebüro nach den topangeboten von holiday autos!

kein urlaub ohne

holiday autos

MARCO ⊕ POLO

Für Ihre nächste Reise gibt es folgende Titel:

Enthalten sind die in diesem Reiseführer erwähnten Orte, Ausflugsziele und Strände sowie wichtige Sachbegriffe und Personen; Artikel (en, es, sa, S' usw.) und Partikeln (de, d' usw.) sind im Alphabet unberücksichtigt geblieben. Halbfette Seitenzahlen verweisen auf den Haupteintrag, kursive auf ein Foto.

Schreiben Sie uns!

Liebe Leserin, lieber Leser,

wir setzen alles daran, Ihnen möglichst aktuelle Informationen mit auf die Reise zu geben. Dennoch schleichen sich manchmal Fehler ein – trotz gründlicher Recherche unserer Autoren/innen. Sie haben sicherlich Verständnis, dass der Verlag dafür keine Haftung übernehmen kann. Wir freuen uns aber, wenn Sie uns schreiben.

Senden Sie Ihre Post an die MARCO POLO Redaktion, Mairs Geographischer Verlag, Postfach 31 51, 73751 Ostfildern, marcopolo@mairs.de

Impressum

Titelbild: Cala Santanyí (argus: H. Schwarzbach)
Fotos: argus: H. Schwarzbach (121); Autorin (2 u., 9, 26, 45, 92, 106); R. Gill (58, 74, 80); R. Hackenberg (42, 56, 68); HB-Verlag (vorderer Umschlag l., 4, 33, 64, 86, 94, 95, 105, 109); G. Jung (102); laif: Celentano (vorderer Umschlag M., 12, 46, 50), Heuer (18, 81); Mauritius: Susan (89), Vidler (40); O. Stadler (vorderer Umschlag r., 1, 2 o., 5 o., 6, 15, 20, 22, 28, 39, 49, 62, 66, 78, 88, 96, 98); Transglobe: Burgmer (77); T. Widmann (5 u., 7, 10, 14, 17, 54, 71, 110); E. Wrba (25, 27, 29, 36, 101)

3. (14.), aktualisierte Auflage 2002 © Mairs Geographischer Verlag, Ostfildern
Herausgeber: Ferdinand Ranft, Chefredakteurin: Marion Zorn
Lektor: Manfred Pötzscher, Bildredakteurin: Gabriele Forst
Kartografie Reiseatlas: © Mairs Geographischer Verlag/Falk Verlag, Ostfildern
Gestaltung: red.sign, Stuttgart
Sprachführer: in Zusammenarbeit mit dem Ernst Klett Verlag GmbH, Stuttgart, PONS Wörterbücher
Das Werk einschließlich aller seiner Teile ist urheberrechtlich geschützt. Jede urheberrechtsrelevante Verwertung ist ohne Zustimmung des Verlages unzulässig und strafbar. Das gilt insbesondere für Vervielfältigungen, Übersetzungen, Nachahmungen, Mikroverfilmungen und die Einspeicherung und Verarbeitung in elektronischen Systemen.
Printed in Germany. Gedruckt auf 100% chlorfrei gebleichtem Papier

Bloß nicht!

Worauf Sie bei Ihrem Mallorca-Aufenthalt achten, was Sie tunlichst unterlassen sollten

Unvorbereitet ins Gebirge

Unterschätzen Sie nicht die Gefahren bei Bergwanderungen! Sie beginnen oft auf Meereshöhe und enden nicht selten über 1000 m. Gehen Sie nie ohne Wanderführer (Mensch oder Buch) ins Hochgebirge, sagen Sie im Hotel Bescheid, wohin Sie gehen, und rüsten Sie sich richtig aus (Bergschuhe, Regenschutz, Sonnencreme, Wasser usw.). Denken Sie daran, dass sich die *torrents*, trockene Wildwasserläufe, bei Regen in tosende Gebirgsbäche verwandeln können. Wer mutwillig Rettungsaktionen auslöst, muss hohe Strafen zahlen. Achten Sie unbedingt auf Durchgangsverbote!

Auf »Nelkenfrauen« hereinfallen

In touristischen Zentren Palmas und andernorts werden Ihnen Frauen begegnen, die Ihnen Nelken entgegenhalten und Sie ansprechen. Es handelt sich fast immer um *gitanas*, die selten allein auftreten. Winken Sie entschieden ab und achten Sie auf Ihre Handtasche, Ihre Geldbörse. Die »Damen« verstehen ihr Handwerk!

Mit dem Tod spielen

Nicht drastisch genug kann davor gewarnt werden, im Meer zu baden, wenn am Strand die rote Fahne weht. Jedes Jahr sterben Menschen aus Leichtsinn oder weil sie Leichtsinnige retten wollten. Unterströmungen bei starker Brandung können lebensgefährlich werden. Verbieten Sie vor allem Ihren Kindern an solchen Tagen das Baden. im Meer.

Timesharing-Verträge abschließen

In Touristenzonen sprechen unseriöse »Verkäufer« ahnungslose Feriengäste an und verwickeln sie geschickt in angebliche Meinungsumfragen oder dergleichen. Lassen Sie sich nicht darauf ein, denn oft enden solche Begegnungen mit einer Unterschrift für den Kauf eines Anteils an einer Timesharing-Anlage, womit Teilzeiteigentum samt entsprechend befristetem Wohnrecht gemeint ist.

Den Besserwisser herauskehren

Die mallorquinische Mentalität zeichnet sich durch Langmut aus. Die hat jedoch dort ihre Grenzen, wo Fremde sich als Herren aufspielen und ihre Gastgeber wie Lakaien behandeln. Besserwisserei und Angeberei wirken auf Einheimische befremdlich. Und vergessen Sie nicht: Englisch und Deutsch wird vielerorts bestens verstanden!